Günther Sator

Feng Shui

Kraftquelle Zimmerpflanzen

Mit herausnehmbaren Einkaufskarten für Zimmerpflanzen.

Farbfotos: von mehreren bekannten Pflanzenfotografen.
Zeichnungen: Heidemarie Vignati

Gute Energien im Haus
Ein Wort zuvor

Feng Shui, eine uralte fernöstliche Lehre, zieht immer mehr Menschen in ihren Bann. Ihr Ziel ist es, einen harmonischen Energiefluss zu schaffen und dadurch das ganze Leben positiv zu beeinflussen.
Dieser GU Ratgeber handelt von Feng Shui mit Zimmerpflanzen. Neben einer Einführung in die Lehre finden Sie hier das nötige Know-how, um Zimmerpflanzen als Kraftquelle nutzen zu können. Feng Shui-Experte Günther Sator zeigt Ihnen anhand von Beispielen, wie auch Sie gute Energien in Ihrer Wohnung fließen lassen können. Heraustrennbare Einkaufskarten erleichtern Ihnen den Einkauf der passenden Pflanzen, Checklisten geben Aufschluss über notwendige Veränderungen. Tabellen und Zeichnungen verschaffen Ihnen einen Überblick über Pflanzen und Accessoires, mit denen Sie einzelne Zonen stärken können. Aber auch die Möglichkeiten, Probleme in den unterschiedlichsten Lebensbereichen zu lösen, werden ausführlich dargelegt.
Viel Freude und Erfolg mit Feng Shui mit Zimmerpflanzen wünschen Ihnen der Autor und die GU Gartenbuch-Redaktion.

Inhaltsübersicht

Blütenumrankter Sitzplatz für lauschige Stunden.

Schöne Pflanzen und Töpfe.

Kerzen und duftende Blüten.

Der Autor
Günther Sator ist Maschinenbau-Ingenieur und absolvierte mehrere Ausbildungen als Lebens-, Umwelt- und Sozialberater sowie Managementtrainer. Er ist der erste europäische Feng-Shui-Experte, der von Anfang an diese Methode auch für westliche Maßstäbe praktikabel gestaltete. Heute ist er Seminarleiter und international gefragter Berater für Großunternehmen, Gewerbebetriebe und Private. Er verfasste bereits mehrere ausgesprochen erfolgreiche GU Ratgeber.

Die Fotografen
Die Farbbilder stammen von bekannten Fotografen (→ Nachweis, Seite 63), die bereits zahlreiche GU Ratgeber mitgestaltet haben.

Die Zeichnerin
Die Illustrationen stammen von Heidemarie Vignati. Sie studierte Gebrauchsgrafik, Malerei und Schrift an der Akademie der bildenden Künste in Karlsruhe. Heute arbeitet sie in München als Illustratorin, Grafikdesignerin und Art Direktorin. Das Schriftzeichen auf Umschlag und Einkaufskarten entwarf Khayll.

Wichtig: Damit Sie Ihre Feng-Shui-Pflanzen auch uneingeschränkt genießen können, beachten Sie bitte die »Wichtigen Hinweise« auf Seite 64.

Uralte Weisheiten

Was ist Feng Shui?

Die fernöstliche Lehre des Feng Shui hat eine jahrtausendealte Tradition. Sie entstand aus der eingehenden Beobachtung der Natur. In diesem Buch finden Sie nicht nur die Grundlagen von Feng Shui, sondern auch ihre zeitgemäße Übertragung auf unsere westlichen Verhältnisse.

Foto oben: Auch Zimmerpflanzen ohne Blüten entfalten große Kräfte.
Foto links: Arten mit auffallenden Blüten wie diese Orchideen verfügen über viele wohltuende Wirkungen.

Was ist Feng Shui?

Die Kraft des Wohnens

Die Erkenntnis, dass wir durch unser Umfeld beeinflusst werden, ist so alt wie die Menschheit selbst. Die Form der Landschaft, die vorherrschende Vegetation, das lokale Klima ebenso wie Gebäude, Räume, Einrichtungsgegenstände und Menschen – in allem steckt eine tiefere Bedeutung. Jedoch haben wir heute in unserer modernen Gesellschaft verlernt, sie richtig zu interpretieren. Deshalb sind wir nicht nur, ohne es zu wissen, belastenden Einflüssen ausgesetzt, es bleiben auch viele Möglichkeiten, Kraft aus dem Wohnumfeld zu gewinnen, unerkannt und somit ungenutzt. Feng Shui lehrt die Kunst, die Kräfte des Wohnens für optimales Wohlbefinden, für mehr Gesundheit und Lebensglück zu nutzen.

Traditionelles Erfahrungswissen

Aus alten Überlieferungen geht hervor, dass unsere Vorfahren in allen Ländern der Erde einen reichen Erfahrungsschatz über den Einfluss des Wohnumfeldes gesammelt haben. Je nach Klima, Bodenbeschaffenheit und Landschaft entwickelte sich daraus ein ganz typischer regionaler Baustil, denn die Menschen wollten in Harmonie mit der Natur leben. Nichts war früher »zufällig«: weder die Lage und Ausrichtung des Wohngebäudes nach den Himmelsrichtungen noch die Dachform und die Größe und Anordnung der Räume. Auch auf die richtige Platzierung der Einrichtungsgegenstände wurde geachtet, selbst die Lage und Form der Fenster und Türen wählte man mit Bedacht. Dieses seit Jahrtausenden von Generation zu Generation gesammelte Erfahrungswissen ging leider im Zuge unserer westlichen Industrialisierung fast zur Gänze verloren. In China hingegen überlebte die uralte Lehre des Feng Shui (wörtlich übersetzt bedeuten diese Worte Wind und Wasser). Wir finden dort heute immer noch einen lebendigen Zugang zu diesem alten Wissen. Allerdings muss Feng Shui zunächst auf unsere westlichen Verhältnisse angepasst, gewissermaßen »übersetzt« werden. Denn wir leben in einer Kultur, die sich von der asiatischen sehr unterscheidet. Und außerdem passen viele alte Überlieferungen – egal, ob östliche oder westliche – längst nicht mehr in unser sich immer schneller veränderndes Umfeld. Modernes, westliches Feng Shui nach der Sator®-Methode verzichtet daher gänzlich auf traditionelle asiatische Methoden und Hilfsmittel. Diese moderne Feng-Shui-Methode ist an unsere eigene Kultur angepasst und fügt sich mit stimmigen, ästhetisch schönen und »machbaren« Raumgestaltungsmaßnahmen bestens in unsere Umgebung ein. So können wir uns in unserer Wohnung so richtig wohl fühlen und sie außerdem noch als wirkungsvolle Kraftquelle nützen.

Heimische Traditionen wieder entdecken

Auch in unserer Kultur gab es viel geheimes »Feng-Shui-Wissen«. Fast alle Kirchen, Schlösser, Klöster und Bauernhäuser wurden früher bewusst nach diesen Gesetzmäßigkeiten errichtet. Die heimische, westliche Variante des Feng Shui wird »Geomantie« genannt. Bei dieser ebenfalls sehr alten Lehre achteten die Sachkundigen beispielsweise sehr genau darauf, ob etwa an einem Platz unsichtbare unterirdische Energieströme (beispielsweise Wasseradern oder sogenannte »Erdverwerfungen«) Menschen negativ beeinflussen könnten. Solche schlechten Orte kamen als Schlafplätze oder für die »gute Stube« nicht in Frage, zumindest fand sich niemals das Bett oder der Esstisch darauf. Heute jedoch entdecken viele Betroffene leider meist erst infolge schwerer Erkrankungen oder etwa massiver psychischer Probleme, wie belastend ein unbedachtes Bauen und das falsche Einrichten der Wohnung sein können.

Die Wirkung des Umfelds

Jeder Gegenstand, jede Farbe, jede Form, jedes Möbelstück – einfach ALLES hat eine spezifische Ausstrahlung und daher eine bestimmte Wirkung auf die Menschen. Daher entwickelten sich beispielsweise in unterschiedlichen Landschaften sehr verschiedene Kulturen, und daher blühen Menschen in manchen Räumen, an bestimmten Arbeitsplätzen oder in Gegenwart einzelner Personen regelrecht auf, während sie an anderen Plätzen oft spürbar Energie verlieren. Ob es uns bewusst ist oder nicht – die Umgebung beeinflusst uns. Und auch die Zimmerpflanzen können eine Quelle von Gesundheit und Wohlbefinden werden. Wo Pflanzen üppig wachsen, herrschen auch gute Energien im Umfeld. Unsere grünen Helfer sind zusätzlich in der Lage, ihre Umgebung zu harmonisieren. Sie können sogar trübe Stimmungen aufhellen und aphrodisierend wirken. Die genaueren Zusammenhänge erfahren Sie auf den folgenden Seiten.

Zimmerpflanzen spenden das ganze Jahr über Kraft.

Im Wintergarten finden auch exotischere Arten Platz.

Was ist Feng Shui?

Die unsichtbare Lebensenergie Chi

Heute wissen wir, was die Ursache der verschiedenen Wirkung von Dingen ist: Alles schwingt! Letztlich ist alles, was uns umgibt – sichtbar wie unsichtbar – nur Schwingung, oder anders ausgedrückt »Energie«. Diese unsichtbare Lebensenergie wird im Feng Shui als Chi (manchmal auch Qi geschrieben) bezeichnet. Chi durchströmt und »belebt« alles, gleichgültig ob Berg, Haus, Möbelstück, Mensch, Tier oder Pflanze. Dabei ist es gleichgültig, ob wir diese Lebendigkeit auf Anhieb äußerlich erkennen können (wie etwa bei Menschen, Tieren oder Pflanzen), oder ob es sich um scheinbar unbewegliche Dinge wie beispielsweise einen Schrank, eine Mauer oder eine Landschaft handelt. Letztlich besteht alles um uns aus Chi, und diese Energie »bestrahlt«, beeinflusst und prägt die Umgebung. Diese Zusammenhänge erfassten die ersten Feng-Shui-Meister schon sehr früh und entwickelten daher Methoden, um mögliche Störeinflüsse rechtzeitig zu erkennen und sie effizient auszuschalten. Umgekehrt wurden förderliche Elemente gezielt zum Wohle der Menschen aktiviert und genutzt. Dabei waren die verwendeten Methoden je nach Land und Zeitalter sehr verschieden – ein Zeichen dafür, dass es für jedes Problem immer mehrere Lösungen geben kann. Heute stehen uns nicht nur die alten Methoden zur Verfügung, sondern auch noch sehr viele neue. Der Vorteil liegt auf der Hand: Je vielfältiger und verschiedener die Werkzeuge sind, umso spezifischer können auch die persönlichen Bedürfnisse und der individuelle Geschmack der Anwender berücksichtigt werden. Durch ihre vielfältigen Einsatzmöglichkeiten zählen die Zimmerpflanzen zu einem immer wichtiger werdenden »Feng-Shui-Werkzeug«.

Freier Energiefluss

Die Voraussetzung für Harmonie, Gesundheit und Wohlbefinden im Leben ist der freie und ungehinderte Fluss der Lebensenergie Chi – im eigenen Körper und auch in der Umgebung. »Körper-Feng-Shui« wurde unter anderem schon seit Jahrtausenden von den Ärzten der traditionellen Chinesischen Medizin (TCM) abgedeckt. Hier finden Pflanzen als Nahrungs- und Heilmittel ihre Verwendung. Beim »Wohnungs-Feng-Shui« – und das ist der Inhalt dieses Buches – wird auf die Anordnung von Fenstern, Türen und Möbeln, die Wahl von Farben und Bildern, die Auswahl und Platzierung von Pflanzen und vieles andere mehr geachtet. Jedes einzelne dieser Elemente beeinflusst die Qualität der Chi-Lebensenergie in der Wohnung. Ein Zuviel an Einrichtungsgegenständen etwa würde den freien Fluss des Chi ebenso bremsen wie zu dunkle oder ungepflegte Räume. Der ideale Energiefluss ist sanft zirkulierend – wie ein sich harmonisch durch die Landschaft schlängelndes Bächlein. Lange kerzengerade Flure oder in direkter Linie einander gegenüberliegende Türen und Fenster sowie scharfe Kanten würden hingegen das Chi unnötig beschleunigen und es zu schädlichem Sha-Chi machen. Viel belastende Unruhe und auch ungesunder Stress könnten daraus entstehen.

Ihre Wohnung und Sie

Auf geheimnisvolle Weise ist alles mit allem verbunden – Ihre Wohnung »spiegelt« daher auch Ihr Schicksal. Sie kennen vielleicht den Satz: »Zeigen Sie mir Ihre Wohnung, und ich sage Ihnen, wer Sie sind«? Es ist daher so gar nicht verwunderlich, wenn eine jede Veränderung in Ihrem Wohnumfeld in den Augen eines Feng-Shui-Experten gleichzeitig immer auch etwas Neues im Leben eines Menschen ankündigt. Dabei hat jeder Wohnungsteil, je-

Pflanzen beim Kamin schützen vor Energieverlust.

de »Zone« eine ganz spezielle Bedeutung (→ die Ausführungen zum »Bagua« Seite 14–17). Daher kann die Lösung bestimmter Lebensprobleme durch bewusstes Umgestalten einzelner Wohnbereiche aktiv unterstützt werden. Denn auch hier gilt der Satz: »Alles ist mit allem verbunden.« Dabei spielen Zimmerpflanzen eine ganz besondere Rolle, denn sie sind ideale Wegweiser und Unterstützer zum Verbessern des Feng Shui Ihrer Wohnung und natürlich auch des Arbeitsplatzes. Mit Hilfe der Checklisten zu Umfeld, Eingang, Wohnung und Ihrer inneren Verfassung auf den Seiten 24 bis 27 können Sie leicht feststellen, ob sich bei Ihnen einige Veränderungen gemäß Feng Shui empfehlen.

Üppig blühende Azaleen.

Weiblich und männlich – Yin und Yang

Alles Leben auf dieser Erde steht im ständigen Wechselspiel zwischen den beiden entgegengesetzten Kräften des Universums: Mann und Frau, plus und minus, warm und kalt, oben und unten, außen und innen, Sommer und Winter – eben »Yang« und »Yin«. Das perfekte Leben im Gleichgewicht wird es wohl niemals geben, denn alles befindet sich in ständiger Veränderung. Das Gesetz von Yin und Yang zeigt aber, wie wichtig ein ausgewogener Lebensstil ohne allzu viele Extreme für ein Leben in Harmonie ist. Je mehr Einseitigkeiten und Extreme Sie erleben – beispielsweise viel Dynamik und Stress (der ist extremes Yang) im Berufsleben –, umso wichtiger ist es, dass Sie rechtzeitig für Yin-Ausgleich durch ausreichend Freizeit, viel Schlaf, ein Geborgenheit vermittelndes Zuhause und genügend Urlaub sorgen. Kalte Funktionalität, extreme Offenheit, übergroße Fensterflächen, nüchterne und sterile Raumgestaltung werden wohl die allerwenigsten Menschen als förderlich empfinden. Und Sie haben damit durchaus Recht! Auch in der Wohnung braucht es genügend Schönes, Sinnliches, »Kuscheliges« und Natürliches. Je nach Geschmack und Vorlieben werden die Details individuell anders aussehen, aber das Grundprinzip gilt überall: Zu viel Yin an einem Platz erzeugt ein Yang-Defizit – es mangelt in diesem Fall vielleicht an Mut, Stärke, Durchsetzungsvermögen. Umgekehrt verursacht ein Übermaß an Yang in der Wohnung einen Mangel an Yin, an weiblich-kreativer, gefühlvoller Qualität.

Das Gleichgewicht von Yin und Yang

Auch wenn es Sie überrascht: Im Grunde genommen lassen sich alle Disharmonien Ihres Lebens auf eine sehr ungleiche Verteilung von Yin und Yang zurückführen. Um unangenehme Auswirkungen zu vermeiden, sollten Sie rasch einen Ausgleich nach dem Yin-und-Yang-Prinzip herbeiführen. Feng-Shui-Maßnahmen können helfen, die nötige Balance wiederherzustellen, denn sie erzeugen in ruhigen Zonen Aktivität und wirken dort stabilisierend, wo bereits ein Zuviel an Dynamik vorhanden ist. Die meisten Pflanzen übrigens vereinigen beide Qualitäten harmonisch, einige Ausnahmen jedoch sind mehr Yin oder mehr Yang. Auch während der Blütezeit kann eine Qualität dominieren (→ rechts).
Mein Tipp: Allgemein sollten aktiv genutzte Lebensbereiche wie das Wohnzimmer, Kinderspielzimmer oder der Arbeitsraum etwas mehr aktive Yang-Energien aufweisen, während Ruhe- und Regenerationszonen wie das Schlafzimmer, die Leseecke oder der Meditationsraum etwas mehr beruhigendes und entspannendes Yin aufweisen sollten.

Was ist Yin?

Yin ist weiblich, weich, reagierend und passiv, der Mond, der Regen, das Tal und der Winter. In der Wohnung sind es die sanften Farben Blau, Dunkelgrün, Grau und Schwarz, allgemein alles Dunkle und Gedämpfte, auch eine getragene Stimmung. Yin sind auch kuschelige Textilien, Ruhe und Geborgenheit, sehr volle Räume, schwere Gegenstände und alle geschwungenen Formen.

Was ist Yang?

Yang ist männlich, hart, agierend und aktiv, die Sonne, der Sonnenschein, der Berg und der Sommer. In der Wohnung sind es die aktiven Farben Rot, Orange, Gelb und Hellgrün, allgemein alles Helle und Leuchtende. Yang sind duftige Textilien, Bewegung und Veränderung, Lachen und Dynamik, offene und weite Räume, Leichtes und Bewegliches und alle geraden Formen.

Rote Topfrosen in blauem, Yang-ausgleichendem Gefäß.

Gestreiftes Usambaraveilchen.

Zierspargel im Bad.

Blühende Pelargonie.

Yang-betonte Amaryllis.

Zweifarbige Azalee.

Yin und Yang bei Pflanzen

Bei vielen Pflanzen kommen Yin und Yang in einem ausgeglichenen Verhältnis vor. Zur Blütezeit kann das Yang (bei aktiven Farben wie Rot) oder das Yin (bei sanften Farben wie Dunkelblau) dominieren.

Die Fünf Elemente oder Wandlungen

Ergänzend zur Methode von Yin und Yang entwickelte sich im alten China schon recht bald, basierend auf Naturbeobachtungen, die Lehre von den Fünf Elementen, auch Fünf Wandlungen oder Wandlungsphasen genannt. Dabei werden alle Dinge der Natur und des täglichen Lebens fünf verschiedenen Energiequalitäten zugeordnet. Auch bei vielen Pflanzen herrscht ein Element vor, Sie finden eine Tabelle hierzu auf Seite 56.

Das Element Holz

Es steht für alles Organische, Starke, Verwurzelte, Elastische, Wachsende und Aufstrebende. Zu diesem Element gehören die Farben Grün und Türkis, sowie aufstrebende, vertikale, zylindrische Formen wie zum Beispiel Säulen.

Das Element Feuer

Zu diesem Element zählt alles, was trocken, heiß, aufsteigend und bewegend ist, auch Licht und strahlende Accessoires. Zum Feuer gehören die Farben Rot, Rosa und Lilarot sowie alle spitzen, scharfkantigen und dreieckigen Formen wie der Giebel des Hauses.

Das Element Erde

Es ist »erdig«, ergiebig, fruchtbar und hat das Potenzial fürs Wachstum. Zu diesem Element gehören die Farben Gelb, Beige, Braun, Ocker, Orange und alle flachen, horizontalen, quadratischen Formen, auch Accessoires aus Ton, Keramik und Stein.

Das Element Metall

Zu ihm zählt alles, was metallisch, schneidend, hart oder leitend ist, die Farben Weiß und Silber sowie alle runden, kuppelförmigen Formen wie Kugeln oder Bögen.

Das Element Wasser

Es ist nass, kühl, absteigend, fließend und nachgiebig. Zu ihm zählen die Farben Dunkelblau und Schwarz sowie alles unregelmäßig Geformte oder Wellige. Ein typisches Wasser-Accessoire ist zum Beispiel ein Zimmerbrunnen.

Der Weg zur Harmonie

Das Ziel ist das Gleichgewicht der Elemente. In einer Wohnung sollten daher alle Fünf Wandlungen ausreichend stark und ausgewogen durch Farben, Formen, Materialien, Pflanzen und Accessoires vorhanden sein. Fehlt ein Element oder überwiegt eines sehr stark, dann kann dies zu Gesundheits- oder Befindlichkeitsstörungen führen, oder die Bewohner fühlen sich einfach »nicht wohl«. Die Beziehung der einzelnen Elemente zu den anderen lässt sich am besten in Form von kreisförmig angeordneten Zyklen darstellen, die Sie auf der rechten Seite gezeichnet finden.

Ungleichgewicht ausgleichen

Mit Hilfe der Zyklen können Sie ganz leicht ein Ungleichgewicht der Elemente ausgleichen: Dominiert ein Element zu stark, zum Beispiel die Feuerfarbe Rot, können Sie es mit Hilfe des kontrollierenden Elements Wasser und die Farbe Blau etwas zurücknehmen. Sie können natürlich auch ein Wasser-Accessoire oder eine Pflanze dieses Elements verwenden. Oder Sie »erschöpfen« das Feuer, indem Sie das Element Metall hinzufügen, weil das Feuer das Metall angreift und dabei Energie verliert. Fehlt ein Element völlig, so ergänzen Sie es oder Sie bringen das fördernde Element hinein, beim Feuer wäre dies das Element Holz.

Die beiden Zyklen der Elemente

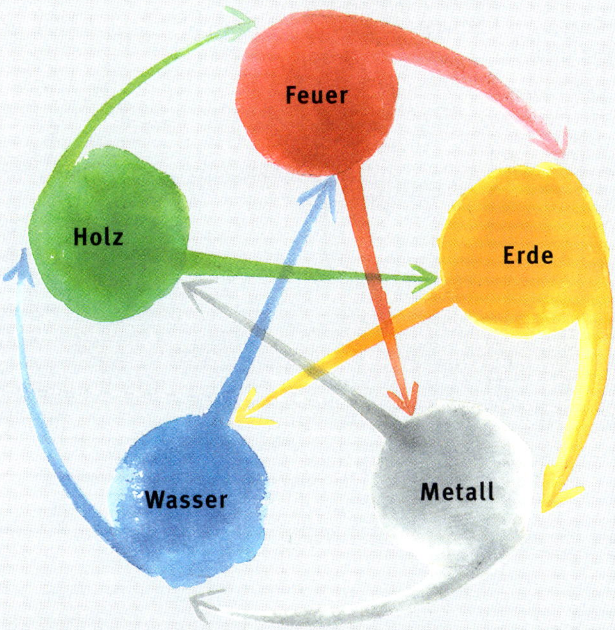

Der Schöpfungszyklus

Dieser Zyklus ist durch die im Uhrzeigersinn verlaufenden Pfeile im äußeren Kreis dargestellt. So fördert das jeweils vorangehende das nachfolgende Element: Feuer wird zu Asche und düngt die Erde, in der Erde ensteht das Metall, dieses reichert Wasser an, Wasser fördert das Wachstum von Holz, und Holz nährt wiederum das Feuer. Bei ausgewogenem Vorhandensein jeder dieser fünf Wandlungsphasen, beispielsweise in der Ernährung, in der Gestaltung des Tagesablaufs und in der Wohnung, entsteht automatisch ein förderlicher Energiefluss. Die Folge sind Wohlbefinden und Gesundheit.

Der Kontrollzyklus

Genauso wichtig wie der Schöpfungszyklus ist der Kontrollzyklus. Dieser gewährleistet, dass keines der Elemente überhand nimmt und sich nicht auf Kosten der anderen übermächtig ausbreitet. Dieser Zyklus wird durch die Pfeile im Zentrum der Zeichnung dargestellt: Holz (Wurzelwerk) durchdringt die Erde und holt sich seine Nährstoffe daraus, das Holz kontrolliert die Erde. Ähnlich kontrolliert oder begrenzt die Erde das Wasser, löscht die Kraft des Wassers das Feuer, schmilzt Feuer das Metall und schneidet Metall das Holz. In der Zeichnung sehen Sie, dass ein Element jeweils das übernächste kontrolliert.

Die neun Lebensfelder des Bagua

Auch in einem Wohnungsgrundriss und in der speziellen Gestaltung der Räume zeigt sich die Persönlichkeit der Menschen, die dort wohnen. Nichts ist »zufällig«, im Gegenteil, alles ist energetisch mit allem verbunden.
Ein sehr hilfreiches System zur energetischen Analyse Ihres Hauses, Ihrer Wohnung, Ihrer Räume oder Büros ist das so genannte Bagua mit seinen acht äußeren Lebensfeldern, die sich um ein Zentrum gruppieren (→ Zeichnung Seite 16). Wörtlich übersetzt bedeutet Bagua »acht Trigramme«.
In gewisser Weise kann Ihr Zuhause als ein lebendiger Körper betrachtet werden. Das Bagua ordnet jedem Wohnungsteil eine spezielle Bedeutung und Wirkung zu – so wie in einem Körper ein jedes Organ, jedes Körperteil eine bestimmte Funktion hat. Diese Bereiche finden sich in einem Appartement ebenso wie auf jeder Etage eines Einfamilienhauses, in jedem einzelnen Zimmer oder sogar im Garten. Jeder Abschnitt der insgesamt neun Teile des Bagua symbolisiert einen wichtigen Bereich Ihres Lebens. Die Namen der Zonen sagen schon viel darüber aus: Kinder, Partnerschaft (auch Ehe genannt), Karriere (auch Beruf genannt), Hilfreiche Freunde, Wissen, Ruhm (auch Ansehen genannt), Zentrum (auch Tai Chi oder Gesundheit genannt), Reichtum (auch Fülle genannt) und Familie. Ab Seite 46 finden Sie mehr über die einzelnen Bagua-Zonen und die optimale Gestaltung mit Pflanzen und Accessoires.

Wohnungsanalyse

Entscheidend ist, dass in allen Abschnitten ausreichend Chi fließen kann. In der idealen Wohnung sollten alle neun Bagua-Zonen vollständig vorhanden sein – ein Rechteck oder Quadrat ist daher der günstigste Grundriss. Je unregelmäßiger sich die Grundrissform Ihrer Wohnung darstellt, umso dynamischer und bewegter wird sich wahrscheinlich Ihr Leben entwickeln. Ihre innere Unruhe und das äußere Erscheinungsbild spiegeln sich also auch hier wider. Das Bagua gibt Ihnen Auskunft, welche Aspekte Ihres Lebens nun ganz besonders analysiert werden sollten und wo Sie dann, je nach Wunsch, gezielt Veränderungen durchführen könnten. Selbst fehlende Baguazonen können Sie ausgleichen. Auch die jeweils passenden Pflanzen können zum Energetisieren und Beleben geschwächter Bagua-Bereiche verwendet werden. Wie Sie das Bagua richtig einzeichnen und Fehlbereiche ausgleichen, erfahren Sie ab Seite 16. Sie können aber auch zuerst Ihre Lebensbereiche analysieren (→ Checklisten Seite 24–26) und dann nötigenfalls die zugehörigen Bagua-Zonen stärken.

Das Bagua und die Elemente

Es gibt auch Beziehungen zwischen den Bagua-Zonen und den Elementen: Die Ruhm-Zone ist dem Element Feuer zugeordnet, die Zonen Partnerschaft, Wissen und Zentrum dem Element Erde, die Zonen Kinder und Hilfreiche Freunde dem Element Metall, die Zone Karriere dem Element Wasser und die Zonen Familie und Reichtum dem Element Holz. Wenn eine Zone Stärkung verträgt, können Sie einfach nach dem Zyklus der Schöpfung (→ Seite13) passende Pflanzen oder Accessoires hineinbringen. Es ist natürlich auch möglich, zu stark betonte Lebensbereiche, wie zum Beispiel Familie oder Partnerschaft, nach dem Zyklus der Kontrolle mit den passenden Hilfsmitteln etwas zurückzunehmen. Wenn Sie nicht alleine wohnen, sollten Sie jedoch alle Feng-Shui-Maßnahmen erst einmal mit dem Mitbewohner abstimmen, damit sie auch förderlich wirken können.

Viele Pflanzen passen besonders gut in eine bestimmte Zone.

Praxis: Das Bagua richtig anwenden

Um den Energiezustand beurteilen zu können, müssen Sie das Bagua-Schema richtig über den Grundriss Ihrer Wohnung legen oder einzeichnen. Sie können damit aber auch jeden Raum für sich analysieren.

Das Bagua einzeichnen
Zeichnung 1

Das Bagua wird immer so angelegt, dass die Grundlinie mit den Bereichen Wissen, Karriere und Hilfreiche Freunde an jener Wand liegt, in der sich die Eingangstür befindet. Diese ist der »Mund des Chi« und prägt die Energieverteilung. Bei einem Einfamilienhaus orientieren Sie sich an der Haupttür, ansonsten richten Sie sich nach der Wohnungstür, da dort die Schwelle zum privaten Lebensraum ist. Wohnen Sie über zwei Etagen, gilt jeweils die Treppe als Eingang. Bei Zimmern mit mehreren Türen wählen Sie die meistgenutzte.

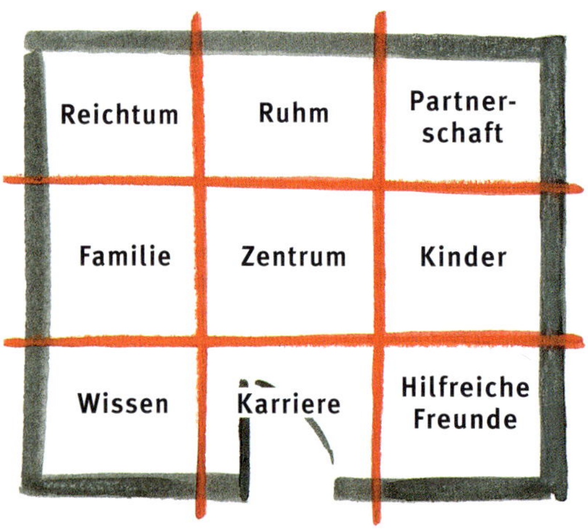

1 *Bagua-Schema mit neun Lebensbereichen.*

Ist der Grundriss vollständig?

Ein rechteckiger oder quadratischer Grundriss weist ein gut ausbalanciertes Bagua-Raster auf. Einschnitte weisen auf Energiemangel in der fehlenden Zone hin – vergleichbar mit einem fehlenden oder schwachen Körperteil beim Menschen. Dies kann wiederum ein Defizit in den entsprechenden Lebensbereichen der dort wohnenden Menschen anzeigen.

Grundrisse mit Fehlbereich
Zeichnung 2

Bei einem L- förmigen oder unregelmäßigen Grundriss vervollständigen Sie diesen zeichnerisch zu einem harmonischen Rechteck. Dabei wenden Sie die 50%-Regel an: Erreicht ein Teil, der deutlich über den Rest der Wohnung herausragt in der Länge oder in der Breite 50% des Grundrisses und mehr, entsteht ein »Fehlbereich«, der ins Bagua mit einbezogen wird. Das hat zur Folge, dass

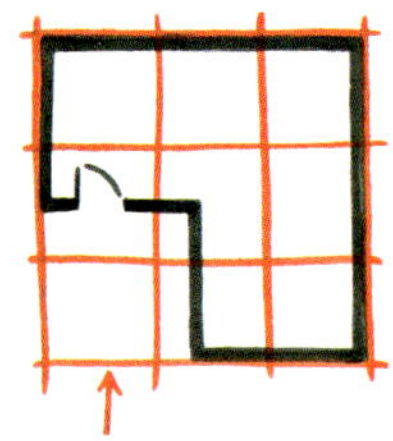

2 *Fehlbereich.*

in dem dort symbolisierten Lebensbereich höchstwahrscheinlich ein Mangel vorherrscht. Durch spezielle Feng-Shui-Maßnahmen können Sie aber für Ausgleich sorgen (→ rechts und Seite 46).

Hilfreiche Erweiterung
Zeichnung 3

Ist der Vorbau kleiner und ragt um weniger als 50% über den Kernbereich des Hauses hinaus, wie zum Beispiel ein Erker, so gilt er als hilfreiche Erweiterung und liegt

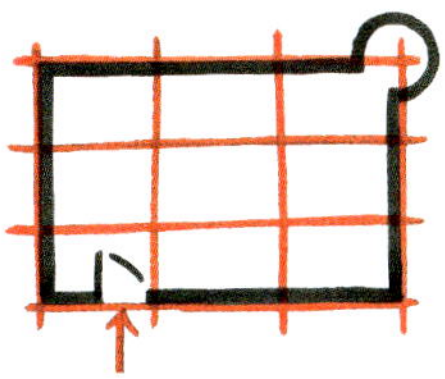

3 Erweiterung.

außerhalb des Bagua. Es dürfen übrigens nur bewohnte Bauteile berücksichtigt werden, also keine Garagen oder angebaute Schuppen. Solche förderlichen Erweiterungen zeigen eine besondere Stärke, ein Talent oder ein wichtiges Thema im Leben der dort Wohnenden an.

Schrägeingang
Zeichnung 4

Nicht jeder Grundriss läßt sich ganz einfach mit einem Bagua in Beziehung bringen. Bei einem 45-Grad-Schrägeingang wäre es zum Beispiel falsch,

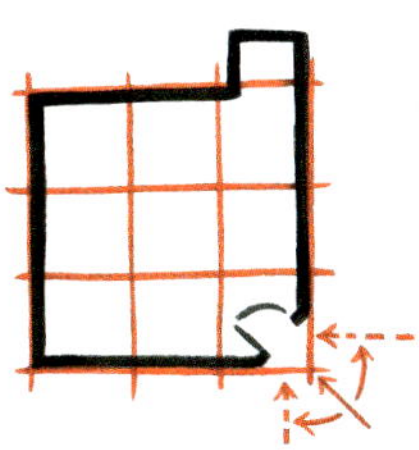

4 Schräger Eingang.

das Bagua schräg über den Grundriss zu legen. Hier wird jene Seite als Grundlinie betrachtet, von der aus die meisten Menschen auf die Wohnung oder den Raum zugehen und Energie mitbringen. Außerdem ist es besonders empfehlenswert, hier zusätzlich über jeden einzelnen Wohnraum und sogar über den Schreibtisch ein jeweils eigenes Bagua zu legen. Auch wenn zunächst immer das Gesamt-Bagua betrachtet wird, so kann dennoch auf Zimmerebene viel Zusätzliches erkannt und auch ausgeglichen werden – vor allem, wenn ein Zimmer viel benutzt wird, denn dann ist dieses Bagua besonders aktiv.

Zurückgesetzter Eingang
Zeichnung 5

Liegt die Eingangstür nach innen zurückversetzt, so verursacht dies einen Fehlbereich, wenn die vorstehenden Teile mindestens 50% der Seitenlänge ausmachen. Sie sollten dann

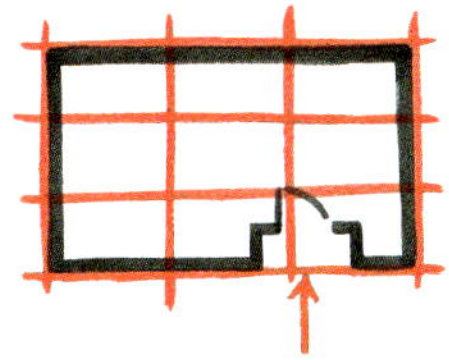

5 Zurückgesetzter Eingang.

zu ausgleichenden und aktivierenden Maßnahmen greifen.

Ausgleichen und Aktivieren

Alle ab Seite 18 beschriebenen Hilfsmittel können geschwächte – zum Beispiel nur teilweise vorhandene, oder nur selten genutzte – Bagua-Zonen ausgleichend aktivieren: zum Beispiel Pflanzen, Licht, bewegte Objekte, Farben und Bilder. Sollte der Fehlbereich im Garten liegen, kann diese Zone gut mit Pflanzen, Licht, bewegtem Wasser, durch schöne und lebendige Gestaltung oder/und eifrige Nutzung aktiviert werden. Gewissermaßen wird dann der betroffene Gartenabschnitt zum erweiterten Lebensbereich. Eine weitere Lösungsstrategie zum Ausgleich einer fehlenden Zone ist das Anbringen eines Spiegels an der Innenseite jener Wand, die den Fehlbereich nach außen abgrenzt. Der Spiegel – auch ein Bild mit »Tiefe« erzeugt einen ähnlichen optischen Effekt – »öffnet« die Wand nach außen und erzeugt den Eindruck eines vollständigen Grundrisses. Und schließlich können Sie den im großen Bagua entdeckten Fehlbereich (zum Beispiel in der Partnerschaft) auch ausgleichen, indem Sie die »Partnerecke« des Schlafzimmers oder eines anderen wichtigen Wohnraums aktivieren. Dazu entfernen Sie dort zunächst alle störenden, nicht mehr gebrauchten oder belastenden Dinge und ersetzen sie durch Gegenstände mit positiver Partner-Symbolik, etwa rot blühenden Zimmerpflanzen oder Rosen, einem Paarbild oder einer Stehlampe mit freundlich-warmem Licht. Das Bagua kann nach diesem Schema überall aktiviert und ausgeglichen werden.

Pflanzen und Feng Shui

Jede gesunde Pflanze symbolisiert zunächst das üppige Wachstum und die kraftvolle Lebendigkeit der Natur. Es ist daher günstig, wenn in Wohnung und Büro gesunde Pflanzen gedeihen. Wenn sich Menschen mit »grünem Daumen« um sie kümmern und diese sich so richtig wohl fühlen, dann entwickeln sie eine besonders günstige Ausstrahlung. Kränkelnde Zimmerpflanzen hingegen erzielen den gegenteiligen Effekt, denn ihre geschwächte Ausstrahlung beeinflusst die Umfeld-Energie negativ. Ihr trauriger Anblick weckt außerdem die unbewusste Wahrnehmung, dass hier irgendetwas nicht stimmt, dass sich ein bestimmter Lebensaspekt nicht optimal entfalten kann. Auch hier gibt das Bagua näheren Aufschluss: In welcher Zone steht die betreffende Pflanze? Was hat sich in letzter Zeit in diesem Lebensbereich verändert? Zusätzlich können Sie sich fragen, ob Sie durch diese Pflanze an eine bestimmte Person erinnert werden. Haben Sie sie in einer bedeutungsvollen Situation geschenkt bekommen? Bahnt sich in diesem Zusammenhang derzeit eine Veränderung an? Beobachten Sie Ihre Pflanzen und Sie werden feststellen, wie sehr sie auf bestimmte Stimmungen reagieren. Sie sind keine tote Sache, vielmehr stehen sie mit Menschen und Situationen in unmittelbarer Beziehung. Sie zeigen daher bevorstehende oder bereits stattfindende Veränderungen im Leben genauso an, wie zwischenmenschliche Missstimmigkeiten.

Neue Aspekte des Pflegens

Dadurch, dass Sie sich aufmerksam und liebevoll um Ihre kranken grünen Mitbewohner kümmern, heilen Sie übrigens nicht nur Ihre Pflanzen, es werden gleichzeitig auch neue Energien für Sie selbst und Ihr Umfeld freigesetzt. Und außerdem freuen Sie sich jedes Mal, wenn Sie die Pflanzen sehen, die durch Ihr Zutun wieder gesund und kräftig gedeihen. Sie sammeln damit positive Erfahrungen, die auch aktivierend auf Ihren weiteren Lebensweg einwirken.

Die Kräfte der Pflanzen richtig nutzen

Pflanzen sind die am vielfältigsten einsetzbaren Feng-Shui-Hilfsmittel. Für die unterschiedlichsten Bedürfnisse gibt es genau die richtige Pflanze, denn je nach Art, Form, Größe und Farbe verkörpert jede ein anderes Element (→ Seite 12). Genauso verschieden wie die Menschen können auch Pflanzen sein: Sanft und harmonisierend wirkt zum Beispiel die Zimmer-Azalee (*Rhododendron*-Hybriden) und passt daher ideal ins Wohnzimmer. Aktivierend und erotisierend hingegen gibt sich der Errötende Baumfreund *(Philodendron erubescens)* – kein Wunder, wenn er sich häufig im Schlafzimmer gleich neben dem Bett findet!

Von Pflanzen lernen

Meist entscheiden wir uns ganz intuitiv für oder gegen eine bestimmte Pflanze: Ihre Ausstrahlung gefällt uns oder sie geht uns gegen den Strich, wir empfinden Sympathie oder Antipathie. Sie können diese Gefühle für eine Persönlichkeitsanalyse nutzen. Dazu finden Sie einige ausgewählte Pflanzen ab Seite 33 und noch mehr Arten auf Seite 56. Wenn Sie beispielsweise feststellen, dass jemand bevorzugt Pflanzen mit Erde-Energie wählt, aber einige Feuer-Pflanzen überhaupt nicht mag, dann lässt sich daraus viel über diesen Menschen ableiten: Das Element Erde steht für Ausgeglichenheit, gereiftes und seriöses Auftreten, für ausdauernde und sehr verlässliche Menschen. Viele Erde-Pflanzen

Die Flamingoblume wirkt harmonisierend auf Mensch und Raum.

in der Wohnung lassen darauf schließen, dass der Mensch sehr viel Wert auf die genannten Eigenschaften legt, oder dass er nun unbewusst bereit ist – wenn diese Arten erst seit kurzem zu seinen Lieblingen zählen –, sich mit diesen Qualitäten intensiver zu beschäftigen. Lehnt andererseits jemand etwa Feuer-Pflanzen total ab, dann kann sich sein persönliches Feuer-Element von der starken Energie der Pflanzen irritiert fühlen. Menschen mit harmonischem Feuer-Element sind zum Beispiel selbstsicher, humorvoll, offen und meist hervorragende Redner. Durch ihr rasches Auffassungsvermögen können sie Zusammenhänge gut erkennen, auch gelten sie als fortschrittlich. Die Feuer-Pflanzen erinnern intuitiv an diese Eigenschaften, was bei Menschen, denen diese Fähigkeiten noch fehlen, zu unbewusster Ablehnung führen kann.
Beschäftigen Sie sich daher nicht nur mit den Elementen Ihrer Lieblingspflanzen, sondern auch jener Pflanzen, gegen die Sie eine starke Abneigung verspüren. Sie können daraus erkennen, welche Aspekte und Fähigkeiten in Ihnen bereits stark und ausreichend veranlagt sind und um welche Lebensaspekte Sie sich noch gezielt bemühen sollten. Wählen Sie beim nächsten Pflanzenkauf gezielt auch einmal eine solche Pflanze, und beobachten Sie in den folgenden Wochen Ihr eigenes Verhalten und Ihre Wahrnehmungen: Was empfinden Sie beim Anblick dieser Pflanze, schaffen Sie es, sie genauso liebevoll zu pflegen wie alle anderen? Bleibt die Pflanze gesund und kräftig? Aus all diesen Beobachtungen können Sie erkennen, wie sehr es Ihnen bereits gelingt, den von der Pflanze verkörperten Aspekt in Ihr Leben zu lassen und zu integrieren. Und wenn nach einer Weile die »Problem-Pflanze« gar zu Ihrem persönlichen Liebling werden sollte, dann wissen Sie, dass Sie es geschafft haben.
Umfangreiche Informationen zu den Pflanzen und ihren Elementen finden Sie im großen GU-Ratgeber »Feng Shui – Harmonisches Wohnen mit Pflanzen«.

Weitere Feng-Shui-Hilfsmittel

Neben den Pflanzen werden im Feng Shui noch eine Reihe anderer Hilfsmittel eingesetzt, um förderliches Chi zu aktivieren, störendes Sha-Chi zu bremsen, in drückenden Räumen das Gefühl von Höhe zu erzeugen, energetische Durchzugsachsen zu unterbrechen, allzu dynamische Räume zu beruhigen sowie stagnierende Ecken zu beleben. Achten Sie aber generell bei der Auswahl auch auf die Ästhetik, und entscheiden Sie sich nur für solche Hilfsmittel, die in Ihnen auch Freude auslösen. Alles andere wäre nämlich äußerst kontraproduktiv. Hier und auf den folgenden Seiten finden Sie die am häufigsten verwendeten Hilfsmittel:

Regenbogenkristalle

Die Kraft geschliffener Kristallprismen ist seit langem bekannt: Fällt Sonnenlicht auf einen Regenbogenkristall, überziehen die von den Prismenflächen abstrahlenden Lichtpunkte den dahinter liegenden Raum mit einem funkelnden Meer bunter Farbkleckse. Regenbogenkristalle – aber nur solche guter Qualität – wirken harmonisierend auf die Umgebung. Hängen sie an einem Fenster (hierfür gibt es spezielle Crystal Feng-Shui-Sets, Bezugsquellen → Seite 61), verteilen sie von dort die Energien harmonisch in den Raum. An der Decke befestigt, können sie das zu schnell fließende Sha-Chi langer Flure oder die unruhige Energie im Umfeld mehrerer Türen bremsen und ausgleichen. Regenbogenkristalle sind nicht nur schön anzuschauen, sie sorgen für eine besonders sinnliche Stimmung in den Wohnräumen. Sie können sie überall dort einsetzen, wo Sie Harmonie in die Räume bringen möchten – sogar im Rauminneren, wo Pflanzen zu wenig Licht bekämen. Ihre wohltuende Wirkung entfalten Kristalle an jeder Stelle der Wohnung. Einem am Schlafzimmerfenster befestigten Kristall sagt man sogar nach, er würde kräftig mithelfen, das »Feuer der Leidenschaft« zu stimulieren. **Mein Geheimtipp:** Versuchen Sie im Schlafzimmer doch einmal die Kombination von Kristall und Errötendem Baumfreund *(Philodendron erubescens)* ...

Bewegte Objekte

Mobiles, Zimmerbrunnen, Ventilatoren, Fähnchen, Windräder und Klangspiele: Überall dort wo Sie Stagnation auflösen, und stattdessen ein bisschen mehr Dynamik und Lebendigkeit genießen möchten, sind bewegte Objekte ideal. In Kinderzimmern und verstaubten Ecken passen Mobiles ganz hervorragend, während sprudelnde Zimmerbrunnen am idealsten in aktiven Räumen wie dem Wohnzimmer oder Büro untergebracht werden. Wichtig für die positive Wirkung von Wasser-Objekten (dazu zählen auch ein Aquarium oder eine schöne Feng-Shui-Wasserschale mit frischen Blüten – Bezugsquelle → Seite 61) ist jedoch eine hervorragende Wasserqualität. Es sollte stets frisch und sauber sein. Am Balkon wiederum passen bunte Windräder, Fähnchen oder lustig im Wind flatternde Bänder sehr gut.

Farben und Bilder

Mit Farben und Bildern lassen sich die Raumschwingungen sehr einfach verbessern. Als Ausgleich zu sehr geradlinigen und eckigen Räumen und Einrichtungen sind ausreichend viele frische und lebendige Farben, Bildmotive und Accessoires geradezu notwendig. Umgekehrt brauchen Gebäude, die nur wenig Tageslicht erhalten, sehr voll eingerichtet sind und insgesamt eher drückend wirken, besonders helle Farben und eine spezielle Beleuchtung. Auch fröhlich-luftige Bildmotive und zusätzliche

Spiegelnde Glaskugeln sind positive Blickfänge.

Accessoires wie Statuen (aber bitte Gestik und Aussage beachten!), Tapetenmuster oder Wandvertäfelungen mit aufstrebender, nach oben weisender Dynamik können für Ausgleich sorgen. Der Raum wird optisch »gehoben«, er wirkt insgesamt offener und leichter. Als zusätzlicher Ausgleich gegen die drückende Wirkung von Decken, Balken oder Dachschrägen kann ein von unten leuchtender Strahler eingesetzt werden, auch Wandlampen sind günstig. Schwere Objekte können in Unruhezonen für Stabilität sorgen, etwa bei großen Fenstern, im Wintergarten, bei Treppensimsen oder vor dem Eingang zur Wohnung.

Schnittblumen bringen Energie.

Kreative Figuren wirken inspirierend.

Windspiele bringen aktivierende Bewegung.

DNS-Spiralen

Die DNS-Spirale bewirkt eine enorme Energiesteigerung in einem Raum. Der scheinbar endlose Lauf der Bewegung wirkt auf viele Menschen sehr faszinierend und löst eine positive Resonanz in ihnen aus. Im Zentrum des Hauses wirkt sie stabilisierend und belebend, zwischen Pflanzen gehängt steigert Sie auch dort die Lebendigkeit. Die Spirale erzeugt einen senkrechten Energie-Strahl, der Himmel und Erde verbindet, der uns hilft, geerdet zu bleiben und uns zugleich geistig zu öffnen. Sie ist einer unserer wirksamsten Spender von Lebensenergie.

Klangspiele

Freundliche Klänge schon bei der Eingangstür symbolisieren den Bewohnern und Gästen ein warmes »Herzlich willkommen«. Überall dort, wo Sie Energien hörbar aktivieren, oder ganz einfach eine energetische Durchzugsachse zwischen Tür und Fenster stabilisieren möchten, sind schön gestimmte Klangspiele ideal. Allerdings sollte der Klang allen Bewohnern gut gefallen und das Instrument darf nur solcherart angebracht werden, dass niemand beim darunter Durchlaufen den Kopf einziehen muss oder man sich beim Öffnen der Tür erschreckt, weil sie lärmend anschlägt. Im Wintergarten sind große Röhrenklangspiele besonders wichtig, sie helfen Stabilität in das durch die großen Glasflächen eher instabile Chi-Gefüge zu bringen.

Feng-Shui-Hilfsmittel

Frisches Wasser mit Blüten und Kerzen erhöht das Chi.

Spiegelkugeln

Sie werden auch Rosenkugeln genannt, spiegeln die ganze Umgebung und reflektieren sie durch die gewölbte Oberfläche wieder. Sie sind deshalb gut geeignet, Sha-Chi anzuziehen und dann zu zerstreuen. Dadurch schützen sie vor belastenden Einflüssen des Umfelds. Sie können auch Räume »öffnen« und Fehlbereiche (→ Seite 17) ausgleichen. Für Topfpflanzen sind auch ganz kleine Kugeln im Handel erhältlich.

Raumreinigung mit Rosenzauber

Wie wichtig eine klare und harmonische Raumschwingung für das allgemeine Wohlbefinden ist, wissen Sie mittlerweile. Doch selbst in der schönsten Wohnung und im stimmungsvollsten Raum sammeln sich im Laufe der Zeit eine Menge alter und belastender Energien: Für uns unsichtbar bleiben die Essenz jedes Gesprächs, jeder Gedanke, jede Zeitungsmeldung und jeder Streit im Umfeld erhalten. Nach und nach sinkt dadurch die Raumschwingung. Zunächst unmerklich, doch irgendwann spürbar, wirkt alles ein bisschen »grauer« als früher. Daher sollten alle Räume Ihrer Wohnung regelmäßig energetisch gereinigt werden. Hier gilt die Regel: Je klarer, feiner und höher die Schwingung des »Werkzeugs« ist, desto besser wird die Wirkung sein. Die einfachsten und schnellsten Methoden sind das Reinigen des Raumes mit speziellen Klanginstrumenten oder mit »Feng-Shui-Rosenzauber« (Bezugsquellen → Seite 61). Immer wenn Sie intuitiv Lust dazu verspüren – das kann auch täglich sein –, sprühen Sie einfach ein paar Spritzer des Rosenzaubers in die Raumluft. Oder Sie geben ein paar Tropfen Rosenzauber ins letzte Reinigungswasser und säubern mit einem nur leicht angefeuchteten Lappen Räume, Möbel und sonstige Einrichtungsgegenstände. Wiederholen Sie diese Reinigung alle zwei bis drei Wochen. Sie werden sich wundern, wie frisch und klar sich die Räume ab nun wieder anfühlen! Übrigens ist diese Methode auch ganz hervorragend zur Auffrischung von Krankenzimmern und zur Verbesserung der Arbeitsenergie im Büro geeignet.

Umfeld und Eingang

Unsere Wohn- und Lebensqualität wird stark von der Umgebung geprägt. Besonders gute Lagen etwa bieten Ruhe, schöne Aussicht, viel Grün und ein gepflegtes Umfeld. Die Checkliste rechts hilft Ihnen, Ihr Umfeld schnell und einfach zu analysieren und Schwachpunkte zu erkennen, gegen die Sie etwas unternehmen sollten.

Problem erkannt, was tun?

Bei allen Fragen, die Sie mit »Ja« beantwortet haben, besteht ein Handlungsbedarf: Wenn zum Beispiel eine Straße auf Ihre Haustür zuläuft sowie bei allen anderen genannten Umfeld-Situationen, entsteht Sha-Chi (→ Seite 8), das Sie bremsen oder umwandeln sollten. Kräftige Pflanzen am Fenster und Feng-Shui-Hilfsmittel wie Regenbogenkristalle oder kleine Spiegelkugeln (→ Seite 20ff.) verhelfen zu Stabilität und Ruhe. Sie spenden Ihrer Wohnung frisches Chi und sorgen für Lebendigkeit, wo von außen wenig Positives zu erwarten ist.
Achten Sie auch auf einen erfreulichen Eindruck bei Ihrem Eingang. Gutes Licht, Sauberkeit und schöne Blickfänge wie ein bunter Türkranz, schön bepflanzte Blumenkübel, eine

Checkliste: Umfeld und Eingang	Ja	Nein
Sha-Chi-Quellen im Umfeld		
Läuft eine Straße direkt auf Ihre Haustür oder ein wichtiges Zimmerfenster zu?	☐	☐
Liegt Ihr Haus/Ihre Wohnung an der Biegung einer scharfen Kurve?	☐	☐
Ist Ihr Haus/Ihre Wohnung starken Winden ausgesetzt?	☐	☐
Liegt Ihr Haus/Ihre Wohnung so exponiert, dass Sie das Gefühl haben, ständig beobachtet zu werden?	☐	☐
Blicken Sie auf Gebäude mit scharfen Kanten, die in Ihre Richtung »schießen«?	☐	☐
Ihre Wohnung liegt im Parterre und Passanten schauen Ihnen zum Fenster herein?	☐	☐
Die Aussicht aus Ihrer Wohnung ist belastend?	☐	☐
Versperrt ein hohes Gebäude, ein Hügel oder eine Mauer Ihre freie Aussicht?	☐	☐
In Ihrem Wohnumfeld gibt es kaum Grünflächen, Bäume oder Gärten?	☐	☐
Zugang für Mensch und Chi		
Ihr Eingangsbereich ist schlecht beleuchtet und außen vor dem Eingang wirkt alles insgesamt eher trostlos und schmutzig?	☐	☐
Ihr Eingang ist nur schwer zu finden oder/und schwierig zu öffnen?	☐	☐
Ein langer Flur/eine Treppe führt direkt auf Ihre Eingangstür zu?	☐	☐
Wenn Sie nach Hause kommen, denken Sie dann zuallererst an die Hausarbeit und irgendwie erscheint Ihnen Ihr Leben sehr mühselig?	☐	☐
Kommt es im Flur auffallenderweise immer wieder zu Streitereien?	☐	☐
Wissen Sie nicht, wohin mit all den schmutzigen Schuhen und den vielen herumliegenden Gegenständen im Eingangsbereich?	☐	☐

Checklisten Umfeld, Eingang und Wohnung

Checkliste: Die Wohnung selbst	Ja	Nein
Die Wohnung, ein Tanzplatz des Chi?		
Das Erste, was Sie von Ihrer Wohnung sehen, wenn Sie nach Hause kommen, ist die überquellende Garderobe, die Altpapiersammlung oder die Kellertreppe?	☐	☐
Wirkt Ihre Wohnung auf den ersten Blick eher düster und ziemlich vollgeräumt?	☐	☐
Kann man bei Ihnen schon vom Eingang aus durch die Wohnung hindurch zum Wohnzimmerfenster hinausschauen?	☐	☐
Ist der dominante Blickfang Ihres Wohnzimmers der Fernseher?	☐	☐
Vorwiegend kahle Wände und so gut wie keine dekorativen Gegenstände – sehen Ihre Räume so aus?	☐	☐
Steht das Sofa oder/und das Bett mit dem Rücken zur Tür oder zwischen Tür und Fenster?	☐	☐
Die vorherrschenden Farben Ihrer Wände, Böden, Decken und Möbel sind Weiß, Braun, Grau oder Schwarz?	☐	☐
Insgesamt erreicht nur recht wenig Sonnenlicht Ihre Räume? Die Fenster sind vielleicht auch noch zusätzlich meist mit lichtschluckenden Stores verhängt?	☐	☐
Sie müssen in einem Raum verschiedene Nutzungen unterbringen, dort beispielsweise Essen und Arbeiten oder Wohnen und Schlafen?	☐	☐
Sie leben in einer Mansardenwohnung mit Dachschrägen unter 1,50 m? Der Kopfteil des Bettes und/oder das Sofa steht vielleicht auch noch direkt unter der Dachschräge?	☐	☐
In Ihrer Mansardenwohnung gibt es fast ausschließlich schräge Dachflächenfenster und Sie können durch diese nur mit Mühe die Landschaft der Umgebung sehen?	☐	☐
Wenn Sie Ihr innenliegendes Bad oder WC lüften wollen, können Sie dann nur in die Wohnung hinein lüften?	☐	☐

halbkreisförmige Fußmatte oder eine warm tönende Türharfe tun dem Chi – und somit allen eintretenden Bewohnern und Besuchern – richtig gut. Läuft ein langer Flur oder eine Treppe direkt auf Ihren Eingang zu, besorgen Sie sich am besten einen spiegelnden (also Sha-reflektierenden) Türklopfer oder zwei Figuren aus Stein oder Keramik als Wächter links und rechts. Gleitet Ihr Blick bereits beim Öffnen der Wohnungstür wieder zum gegenüberliegenden Fenster hinaus oder fällt er auf ein bestimmtes Zimmer – wie etwa Küche oder Abstellraum – kann dies zu Einseitigkeiten in Ihrem Leben führen. Ab Seite 30 finden Sie die nötigen Hinweise zum aktiven Verändern solcher Situationen. Günstig ist es immer, für Ordnung und angenehme Blickfänge zu sorgen. Um tief herabgezogene Mansarden »anzuheben«, sollten Sie Pflanzen, Tapeten und Accessoires mit einer nach oben weisenden Dynamik einsetzen. Rücken Sie Betten oder Sofas besser von sehr starken Dachschrägen weg. In Wohnungen mit Dachflächenfenstern ohne schönen Ausblick erzeugen Bilder mit Naturmotiven und viele Pflanzen in Tontöpfen ersatzweise einen Natur- und Erdbezug. Weitere Einrichtungstipps finden Sie in der auf Seite 61 aufgeführten Literatur.

Ihre innere Verfassung

Wie Sie bereits aus der Einführung des Bagua (→ Seite 14) erfahren haben, reflektiert jede Zone Ihrer Wohnung einen anderen Aspekt Ihres Lebens. Bevor Sie sich an die Umgestaltung Ihrer Wohnung machen, sollten Sie die vorhandenen Räumlichkeiten genau unter die Lupe nehmen und parallel dazu eine kleine Analyse Ihres bisherigen Lebens durchführen. Nehmen Sie sich daher bitte einige Minuten Zeit, und beantworten Sie die Fragen in der Checkliste rechts mit größtmöglicher Objektivität und Ehrlichkeit.

Was wollen Sie ändern?

Bei allen Fragen, die Sie mit »Nein» beantwortet haben, könnten die entsprechenden Aspekte in Ihrem Leben verbessert werden. Sie können dies erreichen, indem Sie das Bagua wie beschrieben (→ Seite 16) anwenden. Angenommen, Sie stellen anhand der Checkliste fest, dass Ihr zur Zeit aktuellstes Problem die Frage nach dem Wie und Was Ihres weiteren Lebensweges ist, dann sollten Sie einen Blick in die Karriere-Zone Ihrer Wohnung werfen. Auf Seite 47 können Sie feststellen, dass diese Zone dem Element Wasser zugeordnet ist. Die Elemente-Zy-

Checkliste: Ihre innere Verfassung	Ja	Nein
Karriere		
Ich überprüfe immer wieder meine Lebensziele und finde, dass ich auf dem richtigen Weg bin.	☐	☐
Wenn ich mein Schicksal betrachte, so scheint doch vieles sehr gut in Fluss zu sein.	☐	☐
Meine innere Stimme ist mir ein verlässlicher Ratgeber bei wichtigen Lebensentscheidungen.	☐	☐
Partnerschaft		
Ich gelte als umgänglich und kameradschaftlich. Gegenseitiges Vertrauen ist mir sehr wichtig.	☐	☐
Auch meine Beziehung zu meinem/r Lebenspartner/in ist langfristig stabil.	☐	☐
Mit Nachbarn und Kollegen komme ich generell recht gut aus. Probleme kann man immer bereden.	☐	☐
Familie		
Meine Eltern haben mich zu einem reifen Menschen erzogen und freuen sich über meine Selbstständigkeit.	☐	☐
Die Meinung und der Ratschlag meiner Familie sind mir wichtig. Ich kann aber frei entscheiden.	☐	☐
Aus meiner Herkunftsfamilie ziehe ich Kraft und Stabilität, meine Eltern sind heute noch Vorbilder.	☐	☐
Reichtum		
Ich bin mit meinen Finanzen recht zufrieden, weiß aber auch immaterielle Werte sehr zu schätzen.	☐	☐
Ich kann selbst schwierigen Situationen einen tieferen Sinn abgewinnen.	☐	☐
Ich habe ein gesundes Selbstvertrauen und halte mich an meine eigenen Ideale und Vorgaben.	☐	☐
Zentrum/Tai Chi		
Gesundheitlich und energetisch bin ich voll auf der Höhe. Ich werde selten krank.	☐	☐

Checkliste: Ihre innere Verfassung	Ja	Nein
Ich fühle mich in meiner Mitte und bin voller Lebenslust.	☐	☐
So schnell wirft mich nichts aus der Bahn. Anderen bin ich ein Vorbild für meine Ausgeglichenheit.	☐	☐
Hilfreiche Freunde		
Wann immer ich es benötige, sind wie durch ein Wunder die richtigen Helfer da, Unterstützung »fällt mir zu«.	☐	☐
Ich habe das große Glück, gute Bekannte zu haben, mit denen ich offen über alles reden kann.	☐	☐
Ich helfe gerne. Für gute Dinge habe ich genauso ein offenes Herz wie für Menschen, die Hilfe benötigen.	☐	☐
Kinder		
Mein Kontakt zu Kindern ist im allgemeinen sehr gut. Ich kann mich leicht auf sie einstellen.	☐	☐
Wenn Sie eigene Kinder haben: Meinen Kindern geht es gut und unsere Beziehung ist ausgewogen.	☐	☐
Ich bin gerne kreativ und lasse mir beruflich und/oder privat gerne etwas Neues einfallen.	☐	☐
Wissen		
Als Ausgleich zur Geschäftigkeit des Alltags versuche ich immer wieder Abstand zu gewinnen.	☐	☐
Ich höre auf meine innere Stimme und versuche, meine Stärken und Schwächen richtig einzuschätzen.	☐	☐
Meine Intuition wird laufend besser. Aber auch für interessante Neuigkeiten interessiere ich mich sehr.	☐	☐
Ruhm		
Mein Ansehen bei Menschen meiner unmittelbaren Umgebung ist sehr gut. Man schätzt mich.	☐	☐
Die Meinung anderer Menschen ist mir wichtig, sofern sie keine oberflächliche Bewertung ist.	☐	☐
Ich möchte täglich meine Persönlichkeit ein bisschen weiter entwickeln.	☐	☐

klen (→ Seite 12) zeigen Ihnen, dass das Wasser durch Metall gefördert und von Erde kontrolliert wird. Also werden Sie in Ihrem Karriereabschnitt viel »Fließendes« und Metallisches einbringen wollen, zum Beispiel Blautöne oder Weiß. Zuallererst sollten Sie aber Entrümpeln und Platz schaffen, um das Chi ungehindert fließen zu lassen. »Wässrige« Bildmotive und Accessoires und auch solche aus Metall oder mit Motiven, die metallisch-rund sind, passen in die Karriere-Zone ausgesprochen gut. Auch Pflanzen der entsprechenden Elemente könnten hier – genügend Platz und Licht vorausgesetzt – wirkungsvoll eingesetzt werden. Und sollten Sie in der großen Bagua-Zone der Gesamtwohnung keinen Platz für Pflanzen finden, dann gibt es ja auch in jedem Raum noch eine »kleine« Karriere-Zone. Die bewusste und liebevolle Gestaltung der »Problem-Zonen« kann einen Energieschub bewirken, der Ihnen hilft, neue Chancen wahrzunehmen und richtig zu nutzen. Überprüfen Sie auch alle anderen verbesserungswürdigen Bereiche in Ihrer Wohnung. Bei fehlenden Zonen sorgen Sie wie auf Seite 17 beschrieben zum Beispiel durch das Anbringen eines Spiegels für Ausgleich. Weitere Tipps finden Sie auf Seite 46.

Probleme lösen

Feng-Shui-Praxis

Schlafen Sie unruhig, können Sie sich in der Wohnung kaum erholen, gibt es oft Streit bei Tisch? Nach der Lehre von Feng Shui hat dies ganz bestimmte Ursachen, die meist rasch zu beheben sind. In diesem Kapitel erfahren Sie mehr darüber.

Foto oben: Lachsfarbener Hibiskus wirkt reinigend auf Mensch und Umfeld.
Foto links: Pflanzen beleben diese gemütliche Sitz- und Leseecke. Nur bedornte Arten stehen besser in sicherem Abstand.

Probleme lösen

Wie anregend und erfrischend können doch Wohnen und Arbeiten sein – wenn man sich in der richtigen Stimmung befindet! Um sich aber trotz einer zunehmend schneller und fordernder werdenden Zeit wohl zu fühlen, um gesund, leistungsfähig, aktiv und fröhlich zu bleiben, braucht jeder Mensch ein förderliches, positives Umfeld. Oft kommen nämlich gerade aus der Umgebung die massivsten Störeinflüsse. Dabei lassen sich diese oft durch sehr einfache Maßnahmen verhindern, beseitigen oder gar positiv umwandeln. Immer noch akzeptieren – meist aus Unwissenheit – allzu viele Menschen unhinterfragt, dass »Energieräuber« ihren Alltag erschweren. Das muss nicht sein! Feng Shui bietet eine Vielzahl praktischer Abhilfen.

Hier finden Sie sich bestimmt wieder ...

In diesem Kapitel erfahren Sie, wie Sie typische Probleme durch den geschickten Einsatz von Zimmerpflanzen und Feng-Shui-Accessoires oder einfache Änderungen beseitigen und dabei gleichzeitig die Raumenergie verbessern können. Dabei wird großer Wert auf Machbarkeit gelegt. Schließlich sollen alle Veränderungen mit geringen Kosten möglich sein. Jedoch wird Ihre persönliche Situation wahrscheinlich nicht immer völlig identisch sein. Folgen Sie immer Ihrer Inspiration, und nutzen Sie die Gelegenheit, alles, was Sie ohnehin schon seit langem stört, ebenfalls gleich anzugehen. Mit Sicherheit werden Sie sich danach besser fühlen! Das Verhalten der Menschen im Raum und die Stimmung insgesamt werden Ihnen zeigen, wie sehr sich durch Ihr Zutun die Raumenergie verbessert hat.

Mangelt es an familiärem Zusammenhalt?

Jede Familie braucht einen freundlichen und für alle Familienmitglieder einladenden Treffpunkt, für den sich das Wohnzimmer am besten eignet. Wenn dieser fehlt, entsteht häufig die Tendenz, sich abzusondern, und der familiäre Zusammenhalt geht verloren. Das Gleiche gilt übrigens auch für Singles mit ungemütlichem Wohnzimmer. Folgende Punkte sind wichtig:

- Achten Sie darauf, worauf Sie beim Eintreten ins Wohnzimmer blicken: Gleich gegenüber der Tür sollten sich schöne, positive Blickfänge wie Bilder oder Gegenstände mit hoher Symbolkraft befinden – zum Beispiel prächtige Zimmerpflanzen.
- Gestalten Sie den Raum mit Hilfe von warmen Farben und weichen Formen behaglich und einladend.
- Das wichtigste Sofa gehört an die ruhigste Wand des Raumes, am besten mit Blick zum Garten, auf die Terrasse oder den Balkon.
- Gesunde Zimmerpflanzen, die Regeneration, Kraft und Natur symbolisieren, geben hier ebenfalls hervorragende Blickfänge ab.
- Die meisten Pflanzen stehen gerne in der Gruppe. Im Wohnzimmer ist meist genügend Platz, um zum Beispiel auch Grün- mit Blütenpflanzen zu kombinieren.
- Aber auch ein Strauß frischer Blumen oder eine Obstschale auf Couchtisch, Vitrine oder einem schönen Ständer heben das Chi, wenn sich für Pflanzen keine passenden Plätze finden.
- Beleuchten Sie das Wohnzimmer abschnittsweise: Stehlampen, Wandleuchten, Spots oder indirektes Licht bringen nicht nur Extra-Helligkeit, sie geben dem Raum insgesamt mehr Abwechslung und Lebendigkeit.
- Beleben Sie unbedingt tote Raumecken mit kräftigen Zimmerpflanzen, Licht, Mobiles oder funkelnden Regenbogenkristallen.

Pflanzen sind ideale Blickfänge in diesem in warmen Farben gehaltenen Raum.

Schlafen – Problem Nr. 1

Bestimmt hatten auch Sie schon Lebensphasen, wo es mit dem guten Schlaf mal nicht so toll bestellt war. Stress, Lebensveränderungen, aber auch vorübergehende gesundheitliche Probleme können dafür die Ursache sein. Häufig sind die Schwierigkeiten jedoch »hausgemacht«: Die Lage des Zimmers, der Standort des Bettes, bestimmte Einrichtungsgegenstände, Störfelder und Ähnliches mehr können ebenfalls Schlafprobleme verursachen. Für einen guten Schlummer sind folgende Punkte wichtig:

- Der ideale Schlafraum liegt ruhig und möglichst störungsfrei. Ausreichende Schallschutzmaßnahmen sind daher in lärmbelasteten Gebieten wichtiger als etwa die Dekoration des Raumes. Ideal wäre eine zusätzliche Lärmschutzbepflanzung im Garten.
- Analysieren Sie die Lage des Bettes im Raum: Steht das Bett sehr nahe an der Tür, so löst dies unweigerlich Stress aus. Unbewusst schlägt Ihr Gehirn »Alarm«, denn die Tür wird einer alten urzeitlichen Prägung entsprechend immer noch mit »Höhleneingang« – also Unruhe und Gefahr – gleichgesetzt. Die möglichen Folgeerscheinungen sind Einschlafprobleme, unruhiger, wenig erholsamer Schlaf, Albträume und gerädertes Erwachen.
- Zwischen der Tür-Fenster-Achse zu schlafen führt zu ähnlichen Belastungen: unruhiges Chi streicht (auch bei geschlossener Tür!) quer über das Bett. Schlafen neben der Tür wird daher meist als unangenehm empfunden. Abhilfe schafft ein kuscheliges Himmelbett, das wie eine schützende Höhle wirkt. Für Schutz und Stabilität sorgen auch ein Paravent zwischen Tür und Bett oder eine Gardine. Günstig ist auch eine größere Zimmerpflanze zum Stabilisieren der Energie zwischen Tür und Bett beziehungsweise zwischen Bett und Fenster oder Balkontür (→ Zeichnung Seite 38).
- Übrigens dürfen einige gesunde Zimmerpflanzen durchaus im Schlafzimmer stehen! Ihr Sauerstoffverbrauch in der Nacht ist nämlich vernachlässigbar gering.
- Steht Ihr Bett gar mit dem Kopfteil vor einem Fenster, ist ein unruhiger Schlaf vorprogrammiert. Die Offenheit im Rücken löst Stress aus, es mangelt an Geborgenheit. Hier sollten Sie mehrere Maßnahmen kombinieren: Günstig wäre ein Rollo, unterstützt durch lichtdichte Gardinen in warmen Farben. Zusätzlich sorgen Pflanzen am Fensterbrett oder neben dem Bett und ein Regenbogenkristall im Fenster für Ruhe und Schutz.
- Liegt Ihr Schlafzimmer am Stirnende eines – vielleicht auch noch häufig benutzten – langen Ganges, strömt viel Unruhe-Chi (Yang) in diesen Ruheraum (Yin). In diesem Fall sollten Sie den Energiestrom rechtzeitig bremsen und harmonisieren. Platzieren Sie daher im Flur an mehreren Stellen Pflanzen in Keramik- oder Terracotta-Übertöpfen. Die Gewächse bremsen das aggressive Sha und sorgen für eine zusätzliche Belebung und Auffrischung der Flur-Energie. Unterstützend wirken hier auch ein Regenbogenkristall, ein hübsches Mobile oder eine größere Deckenlampe.
- Wählen Sie für das Schlafzimmer ruhige und sanfte Farben. Rot, Orange und manche Gelbtöne würden hier zu stark stimulieren. Halten Sie das Chi in Ihrem Schlafzimmer daher eher gedämpft – außer Sie wollen Ihr Sexleben aktivieren. Die Decke sollte stets heller gestrichen sein als die Wände, da eine helle Decke das menschliche Energiefeld öffnet.
- Um Ihrer Beziehung genügend neue Energie zuzuführen, sollte sich die Schlafzimmertür weit öffnen lassen. Hängen oder stapeln Sie auch keine Dinge hinter der Tür auf, die sonst für eine Stagnation des Chi sorgen würden.
- Entfernen Sie alle überflüssigen Gegenstände aus Ihrem

Ergänzend zur Pflanze auf dem Fensterbrett wären noch ein Rollo oder Gardinen ideal.

Schlafbereich. Weder schwere Literatur noch übervolle Schränke, Regale mit Reise-Andenken oder die Mineraliensammlung haben hier etwas verloren. Als »Informationsträger« könnten Sie nämlich den erholsamen Schlaf empfindlich stören.

- Eine weiche und sanfte Stimmung sollte im Schlafzimmer vorherrschen. Dazu gehören viele Kissen und Vorhänge statt Jalousien. Ideal sind auch weichblättrige Pflanzen wie die Gloxinie (*Sinningia*-Hybride), das Kreuzkraut (*Senecio*-Hybride) oder die Zimmerlinde (*Sparmannia africana*).
- Auch wenn es noch so praktisch ist: Das Badezimmer sollte nicht direkt vom Schlafraum begehbar sein. Um gesundheitliche Belastungen (zu viel Wasser-Chi) zu vermeiden, halten Sie die Badezimmertür am besten immer geschlossen und »versiegeln« Sie sie innen und außen in Augenhöhe mit je einem kleinen Spiegel (Bezugsquellen → Seite 61). Ideale Energiewandler im Badezimmer sind Pflanzen wie der Zierspargel (*Asparagus*-Arten). Sie harmonisieren das überschüssige Wasser-Chi in verwertbare Lebensenergie.
- Ein häufig geschäftlich genutzter Schreibtisch im Schlafzimmer erzeugt Yang-Energie und kann den erholsamen Schlaf stören. Direkt im Blickfeld des Bettes wird er Sie nämlich unbewusst auch im Schlaf weiter mit Arbeit beschäftigen. Verbannen Sie den Arbeitsplatz aus dem Schlafzimmer oder trennen Sie ihn zumindest mit einem Raumteiler oder ein, zwei kräftigen Pflanzen vom eigentlichen Schlafbereich ab.
- Je weniger Stromleitungen, Kabel und Elektrogeräte sich im Umfeld eines Bettes befinden, desto besser. Ein Fernseher kann sogar vom Nebenraum aus noch den Schlaf beeinträchtigen. Vermeiden Sie ebenso die Installation von Elektrogeräten unmittelbar an der Wand neben dem Bett. Auch Radio, Computer, Aquarium und sogar manche Wecker belasten die Raumatmosphäre, wie übrigens alle Geräte in Standby-Position: Jedes ans Stromnetz angesteckte Gerät kann störende Felder erzeugen. Ausstecken ist immer sicherer als Ausschalten, da elektromagnetische Felder meist auch im ausgeschalteten Zustand auftreten. Auch Pflanzen können die negativen Wirkungen dämpfen (→ Seite 43).

Ihr Kind schläft schlecht?

Ein guter, gemütlicher Schlafplatz in einem geräumigen Zimmer ist für die gesunde Entwicklung von Kindern besonders wichtig. Schließlich werden sie hier viele Jahre verbringen, sollen schlafen, spielen, lernen und sich zurückziehen können.

- Achten Sie auf eine kindgerechte, freundliche Möblierung. Antiquitäten mit viel Vorgeschichte und Utensilien der Eltern wie Reisekoffer oder Schiwäsche haben hier nichts verloren.
- Das Bett sollte in der ruhigsten, kuscheligsten Zone des Raumes stehen und nicht etwa gleich bei der Tür.
- Pflanzen symbolisieren Wachstum, neues Leben sowie den Frühling und beeinflussen Kinder besonders förderlich. Hängen Sie bereits neben das Gitterbettchen eine schöne Ampelpflanze wie die Schamblume *(Aeschynanthus radicans)* und ein Mobile. Das sorgt für Lebendigkeit im Kinderzimmer und ist ein positiver Blickfang. Vor dem Fenster bremsen und stabilisieren Ampeln und Mobiles auch zu schnell ein- und ausströmendes Chi.
- Zeigen Sie Ihrem Kleinen schon in jungen Jahren, wie man Samen sät, gießt und zum Keimen bringt. Freuen Sie sich mit ihm auch über die winzigsten Veränderungen der Pflänzchen! Sie Fördern dadurch seine Neugierde für die vielen Geheimnisse des Lebens. So wird Ihr Kind nicht nur die Jahreszeiten viel wacher erleben, sondern auch einen liebe- und rücksichtsvollen Umgang mit den Dingen erlernen. Verantwortung übernehmen ist ebenfalls eine wichtige Lernaufgabe, die bei der Pflege einer eigenen Pflanze besonders schön erprobt werden kann.
- Helfen die genannten Maßnahmen nicht, schläft Ihr Kind auffallend verkrümmt im Bett oder flüchtet es sich jede Nacht zu Ihnen ins Bett? Dann sollten Sie seinen Schlafplatz auf unterirdische Wasseradern oder andere störende Energien aus dem Erdreich untersuchen. Ein guter »Radiästhet« kann Ihnen dabei behilflich sein. Lassen Sie sich in Ihrem Bekanntenkreis einen erfahrenen Praktiker nennen. Er sollte gleich alle wichtigen Aufenthaltszonen unter die Lupe nehmen und wird Ihnen dann Veränderungen – meist eine Umstellung der Möbel – vorschlagen.

Tut sich Ihr Kind schwer mit dem Lernen?

Sollte Ihr Kind nur unlustig lernen oder mit den Hausaufgaben immer zum Esstisch ausweichen, dann stimmt mit großer Wahrscheinlichkeit einiges nicht im Kinderzimmer:

Steht der Schreibtisch Ihres Kindes stressauslösend? Sitzt es zum Beispiel mit dem Rücken zur Tür? Stellen Sie den Tisch am besten noch heute um, und zwar so, dass Ihr Kind sowohl Tür als auch Fenster gut im Überblick hat. Von diesem »Kraftplatz« aus wird ihm das Lernen sehr viel leichter von der Hand gehen. Günstig für die Steigerung der Lern-Energie ist übrigens auch das Kreuzkraut (*Senecio-Cruentus-*Hybride) mit seinen schönen Blüten.

Auch das Arbeiten im »Durchzug« zwischen Tür und Fenster macht unruhig. Hat Ihr Kind vielleicht bereits unbewusst einen »Chi-Bremser« auf dem Tisch oder Boden geschaffen? Dies kann ein Zeitschriftenstapel sein, Spielzeug oder die am Boden verstreute Sportwäsche. Kinder kennen übrigens viele Möglichkeiten, Chi zu bremsen … Verschieben Sie den Tisch – am besten gemeinsam mit Ihrem Kind – an einen ruhigeren Platz im Zimmer. Ist dies nicht möglich, stellen Sie eine große Zimmerlinde (*Sparmannia africana*, → auch Seite 38) zwischen Tür und Schreibtisch. Die Pflanze bremst die Durchzugsenergie, was Ihrem Kind endlich ein ruhiges und konzentriertes Arbeiten ermöglicht.

Die Zimmerlinde bremst und harmonisiert die Durchzugsenergie von der Tür.

»Regiert« Ihr Kind den Haushalt?

Sollte die Tür zum Kinderzimmer meist offen stehen und dieser Raum entweder sehr zentral oder gleich beim Eingang liegen, so dreht sich bei Ihnen wahrscheinlich alles ums Kind – zumindest wird Ihr Nachwuchs sehr entscheidend das Familiengeschehen prägen. Dadurch können andere wichtige Bereiche wie die Partnerschaft ins Hintertreffen geraten. Lenken Sie deshalb die Aufmerksamkeit ein bisschen weg vom Kinderzimmer, zum Beispiel durch einen auffallenden Blickfang an einer besonderen Stelle des Vorraums. Schließen Sie außerdem die Tür. Zusätzlich sollten Sie einen energetischen Gegenpol schaffen, indem Sie die Familien-Zone des Bagua mit kraftvollen Pflanzen und viel Licht beleben. Sind andere Lebensbereiche ins Hintertreffen geraten, helfen auch hier Pflanzen und Accessoires in den zugehörigen Bagua-Zonen.

Ist Ihr Leben unruhig?

Sollte Ihr Blick beim Nachhausekommen zunächst auf eine Treppe fallen, gilt dies als Zeichen für mögliche Unruhe im Leben. Im übertragenen Sinn sind Sie – obwohl bereits zu Hause – noch gar nicht richtig angekommen, denn die Stufen signalisieren, dass Sie noch eine Hürde überwinden müssen. Führt die Treppe nach oben, sind oftmals zusätzliche Anstrengungen nötig, um gesteckte Ziele zu erreichen. Führt sie jedoch nach unten, so ist Ihr Lebensweg zwar weniger mühsam, dennoch sind Sie ebenfalls noch nicht am Ziel. Ideal ist eine »Begrünung« von Treppe und Geländer. Stellen Sie auch, wo immer ausreichend Platz und Licht vorhanden sind, gesunde und kräftige Topfpflanzen entlang des Weges auf. Diese sorgen einerseits für mehr Ruhe und Beständigkeit und erhöhen gleichzeitig auch das Chi dieser sensiblen Verbindungszone zwischen den Etagen. Bei wenig Stellfläche verwenden Sie am besten eine Hängeampel. Zur Begrünung des Geländers empfehlen sich »wüchsige« Pflanzen wie der Kletter-Philodendron *(Philodendron scandens)*. Sorgen Sie zusätzlich mit guter Beleuchtung für eine freundliche Atmosphäre – dies gilt besonders auch für Wendeltreppen, die Energiewirbel verursachen.

Gesunde Pflanzen tun jedem Esszimmer gut.

Das Entspannen fällt Ihnen schwer?

Das Büro oder der Arbeitsraum liegt bei Ihnen gleich beim Wohnungseingang? Wundern Sie sich nicht, wenn Sie dann sogar an Wochenenden viel arbeiten. Heimkommen bedeutet für Sie nämlich nicht automatisch gleich Entspannung, denn Sie werden immer wieder von der Arbeit begrüßt mit der Botschaft: Arbeit geht vor Privatleben. Ihre Gedanken werden daher häufiger um die Arbeit kreisen und Sie können die Freizeit nicht richtig genießen. Folgende Maßnahmen helfen:

- Halten Sie die Tür zum Arbeitsraum so oft wie möglich geschlossen.
- Achten Sie auf klare Zeitstrukturen, um Arbeit und Freizeit gut zu trennen.
- Gestalten Sie Ihren Arbeitsbereich betont freizeitorientiert, etwa mit Urlaubsbildern,

belebenden Düften oder schöner Musik.

- Der Schreibtisch sollte für einen freien Energiefluss täglich aufgeräumt werden, denn auch auf seiner Fläche gibt es ein wichtiges Bagua.
- Sorgen Sie immer für etwas Blühendes am Schreibtisch – eine Zimmerpflanze, frische Schnittblumen oder eine Feng-Shui-Schale (Bezugsadresse → Seite 61) mit einer schwimmenden Blüte. Zimmerpflanzen sind überhaupt das perfekte Hilfsmittel, um die Arbeit mit mehr Lebendigkeit und Lebensgefühl zu versehen (→ auch Seite 39).
- Installieren Sie eine optimale Beleuchtung, damit die Arbeit zum Vergnügen werden kann.
- Halten Sie den Raum stets aufgeräumt, das schafft Klarheit und lässt Ihnen überdies die Arbeit viel leichter von der Hand gehen.
- Wenn Ihr Schreibtisch im Ess,- Wohn- oder Schlafzimmer steht, dann brauchen Sie eine deutliche Abtrennung zum Esstisch, Sofa oder Bett. Ein Teppich erzeugt hier zum Beispiel eine trennende »Arbeitsinsel«. Oder Sie unterteilen den Raum mit einem Bücherbord oder Paravent. Auch ein oder zwei große Zimmerpflanzen links und rechts können einen hervorragenden »Durchgang« zum Wohnbereich schaffen.

Sind Sie selten zuhause?

Wenn Sie vom Eingang aus gleich wieder durch Fenster oder Tür ins Freie blicken, wandern viel Aufmerksamkeit und Chi ungenutzt nach außen: Sie sind zwar physisch nach Hause gekommen, ein Teil von Ihnen ist aber schon wieder draußen. Wahrscheinlich sind Sie selten zuhause und Sie führen ein insgesamt bewegtes und abwechslungsreiches Leben? Sollten Sie sich ein bisschen mehr Ruhe und Geborgenheit wünschen: Abhilfe schaffen kräftige Topfpflanzen, die den Durchblick zumindest teilweise unterbrechen. Auch ein Klangspiel, Mobile oder Regenbogenkristall helfen, den zu rasch durchziehenden Chi-Strom sanft zu bremsen und gleichmäßig zu zerstreuen.

Gibt es häufig Streit am Esstisch?

Das feinste Essen kann durch schlechte Stimmung bei Tisch getrübt werden. Deshalb sollte das Ambiente des Essraumes freundlich, hell und frei von belastenden Dingen wie ungeliebten Bildern, Einrichtungsgegenständen, Antiquitäten oder lärmenden Radiogeräten sein. Schaffen Sie eine Atmosphäre der Behaglichkeit, und sorgen Sie durch frische Blumen für ein anregendes, stimmungsvolles Ambiente.

- Ideal ist eine harmonische Tischform. Der Tisch sollte am besten rund, rechteckig, quadratisch, oval oder achteckig sein. Unregelmäßig geformte, dreieckige Tische oder solche mit abgekanteten Ecken eignen sich als Esstisch weniger gut. Sie können sehr leicht Unstimmigkeiten und Streit auslösen.
- Einfache Abhilfe schaffen Sie mit einem dekorativen Tischtuch, einer Blüten- oder Obstschale am Tisch oder auch mit frischen Schnittblumen in einer Vase.
- Die meisten Ausziehtische haben quer durch die Tischplatte eine Trennfuge, die eine unbewußte Teilung bewirkt. Wieder kann ein darüber gelegtes Tischtuch oder ein die Trennlinie überbrückender runder Ziergegenstand wie eine Schale oder Vase für Ausgleich sorgen.
- Glastische gelten nach Feng Shui als instabil, da sie weder den Menschen noch dem »schwebenden« Essen genügend optischen Halt bieten. Sie sind deshalb für Tafelfreuden nicht ideal, aber auch hier kann ein Tischtuch ganz einfach für die notwendige Stabilität sorgen.

Praxis: Pflanzen für bestimmte Räume

Für ein Leben in Harmonie ist es wichtig, die einzelnen Räume der Wohnung optimal zu gestalten. Zimmerpflanzen können helfen, die Energie der einzelnen Zimmer wohltuend zu beeinflussen. Schöne Accessoires tragen dazu bei. Hier finden Sie einige Empfehlungen.

1 Bubikopf für das Wohnzimmer.

2 Zimmerlinde für das Schlafzimmer.

Das Wohnzimmer
Zeichnung 1

Dieser Raum dient als Treffpunkt für Verwandte und Bekannte. Er sollte möglichst behaglich und einladend gestaltet sein (→ Seite 30). Auch ein frischer Blumenstrauß und eine Obstschale auf dem Couchtisch oder dem Regal bringen belebende Energie in das Zimmer. Hier ist meist viel Platz für mehrere schöne Zimmerpflanzen. Vergessen Sie bei der Auswahl nicht, dass es neben vielerlei blühenden Arten auch sehr attraktive und pflegeleichte Grünpflanzen gibt wie den Bubikopf *(Soleirolia soleirolii)*. Er wirkt harmonisierend auf die Raumenergie.

Das Schlafzimmer
Zeichnung 2

Für erholsamen Schlaf sollte das Zimmer möglichst ruhig liegen. Wichtig ist auch der Standort des Bettes: Steht es im »Durchzug« zwischen der Tür und dem Fenster, streicht unruhiges Chi (auch bei geschlossener Tür!) quer über das Bett. Davor kann auch eine große Zimmerpflanze mit weichen Blättern schützen wie die Zimmerlinde *(Sparmannia africana)*. Sie kann mit ihren großen samtigen Blättern Energien aufnehmen und harmonisieren. Mehr zur optimalen Gestaltung des Schlafzimmers finden Sie auf Seite 32f.

Die Küche
Zeichnung 3

Sie ist neben dem Wohnzimmer ein weiterer wichtiger Treffpunkt im Haus und sollte sehr harmonisch und kraftvoll gestaltet werden, damit ihre guten Energien auch in die dort zubereiteten Speisen übergehen können (→ Seite 40). Auf dem Fensterbrett finden nachreifende Tomaten,

3 Schnittlauch und Petersilie für die Küche.

4 Grünlilie für das Kinderzimmer.

5 Amaryllis für das Arbeitszimmer.

Zimmerpflanzen und vor allem Küchenkräuter einen optimalen Platz. Schnittlauch *(Allium schoenoprasum)* kann Ungleichgewicht durch sein Wachstum ausgleichen und fördert die Weiblichkeit bei Frauen. Petersilie *(Petroselinum crispum)* wirkt auch ausgleichend und fördert die Kommunikation.

Das Kinderzimmer
Zeichnung 4

Es sollte nicht zu klein sein, heimelig und kindgerecht gestaltet werden (→ Seite 34f.). Ein lustiges Mobile und eine schön bepflanzte Ampel regen nicht nur bereits bei Säuglingen die Phantasie und Beobachtungsgabe an, sie bremsen und stabilisieren auch durch das Fenster zu schnell ein- und ausströmendes Chi. Besonders günstig wirkt hier die Grünlilie *(Chlorophytum comosum)*, die den Energiehaushalt ausgleichen kann und energetisch reinigend wirkt. Größere Kinder können die sich an den langen Trieben bildenden jungen Pflänzchen einsetzen und großziehen.

Das Arbeitszimmer
Zeichnung 5

Stellen Sie den Schreibtisch so auf, dass Sie nicht mit dem Rücken zur Tür sitzen (→ auch Seite 36). Die Tischfläche sollte für einen freien Energiefluss täglich aufgeräumt werden. Sorgen Sie immer für etwas Blühendes am Schreibtisch in Form von Schnittblumen oder einer Pflanze. Ideal ist die Amaryllis (*Hippeastrum*-Hybride), die stark inspirierend wirkt – vor allem, wenn man sie in meditativer Ruhe betrachtet.

Schlafen Sie sehr viel, sind Sie oft müde?

Sie blicken gleich beim Heimkommen direkt ins Schlafzimmer? Dann haben Sie vermutlich ein großes Schlafbedürfnis: Denn täglich beim Nachhausekommen ans Schlafen erinnert zu werden bringt auf die Dauer selbst die aktivsten Lebensgeister zum Erlahmen. Dies lässt sich aber ganz einfach vermeiden: Lenken Sie die Aufmerksamkeit bewusst weg vom Schlafzimmer, am besten zum Wohnzimmer. Besonders effizient leiten Sie das Chi um mit farbenprächtigen Bildern, leuchtenden Wandfarben, einem attraktiven Blumengesteck oder einer großen Zimmerpflanze.

Sind Sie immer hungrig?

Sollte der erste Blick von der Wohnungstür gleich auf Küche oder Essplatz fallen, so dürfen Sie sich nicht wundern, wenn Kochen und Essen eine übermäßige Bedeutung in Ihrem Leben bekommen. Mögliche Folgen sind eine Tendenz zu Übergewicht, häufige Diäten – oder Ihre Gäste kommen hauptsächlich des guten Essens wegen. Auch hier lenken Sie die Aufmerksamkeit besser wie oben beim Schlafzimmer beschrieben um.

Da der Kochplatz oder die Feuerstelle seit Urzeiten das wärmende Zentrum des Familienlebens sind, sollte die Küche auch energetisch richtig gestaltet sein. So kann sie harmonisierend und aufladend auf die Nahrung einwirken.

- Wählen Sie bei der Neuplanung Ihrer Küche als Stelle für den Herd einen zentralen und rückengeschützten Platz, von dem aus Sie den Raum überblicken und mit den anderen Familienmitgliedern gut kommunizieren können.
- Halten Sie die Wandfarbe in der Küche eher neutral, zumindest aber hell und sehr freundlich.
- Beachten Sie bei der Anordnung von Spüle, Geschirrspüler, Waschmaschine oder Gefrierschrank, dass diese nicht unmittelbar am Herd stehen, da ansonsten ein Wasser-Feuer-Konflikt entsteht. Diesen können Sie aber auch durch das verbindende Element Holz ausgleichen, indem Sie zum Beispiel eine Schale mit Gemüse, Obst oder ein Gewürztöpfchen aufstellen.
- Achten Sie auf gute Arbeitsbeleuchtung und sorgen Sie regelmäßig für Ordnung, und Sauberkeit, da auch diese das Chi der Nahrung beeinflusst.
- Der Platz oberhalb des Herdes sollte so frei wie möglich sein. Klobige Dunstabzüge sind daher nicht ideal. Bringen Sie zum Ausgleich einen »öffnenden« Spiegel an der Stirnseite des Dunstabzuges an, um mit seiner Hilfe das sprichwörtliche »Brett vor dem Kopf« aufzulösen.
- Viel gutes Chi in der Küche schaffen frische Schnittblumen und auch Küchenkräuter oder Zimmerpflanzen auf dem Fensterbrett.

Gestaltet sich Ihr Leben schwierig?

Je näher ein Abstellraum gleich beim Eingang liegt, umso mehr Lebensenergie geht verloren. Dies zeigt sich an unnötigen Umwegen und Schwierigkeiten im Leben der Bewohner. Nicht umsonst werden Abstellräume auch als »Stauräume« bezeichnet. Schleusen Sie das Chi am besten gleich am Abstellraum vorbei. »Versiegeln« Sie die Tür mit einem kleinen (Regenbogenkristall-) Spiegel, und schaffen Sie einen attraktiven und ablenkenden Blickfang links oder rechts der Problemtür. Achten Sie im Abstellraum außerdem stets auf Ordnung und Sauberkeit, und trennen Sie sich von Altem und nicht mehr Benötigtem. Abstellräume mit Fenster brauchen unbedingt eine Topfpflanze, um das Chi zu beleben. In fensterlosen Räumen empfehle ich eine DNS-Spirale aus Glas zum kraftvollen Auffrischen der Lebensenergie.

Gesunde Pflanzen sorgen für gute Energien im Bad.

Haben Sie Probleme mit dem Geld – oder den Nieren?

Wasser symbolisiert Lebensenergie, außerdem auch Fülle und Wohlstand. Wasserverschwendung wird daher im Feng Shui genauso als ein Übel betrachtet wie ein schlecht platziertes Bad oder ein innenliegendes WC. Aus gutem Grund, denn fehlgeleitete Wasser-Energien können bei den Bewohnern gesundheitliche oder finanzielle Probleme auslösen. Ideale Badezimmer sollten sehr lebendig gestaltet sein und viel gutes Chi enthalten. Sorgen Sie mit pfiffigen Accessoires, mit bunten Farben und frischen, frechen Motiven für eine strahlende, gesundheitsfördernde und energiereiche Atmosphäre. Ausserdem bändigen sie den Überschuss an Wasser-Chi im Raum und sorgen für ein Gleichgewicht im Chi-Haushalt der Wohnung. Je mehr Pflanzen Sie hier unterbringen, desto besser. Manchmal liegt das Bad oder WC auch gleich gegenüber dem Wohnungseingang oder dem Schlafzimmer. Um diese Türen energetisch vom Rest der Wohnung zu isolieren, befestigen Sie außen in Blickhöhe einen kleinen Spiegel. Dieser wirft die Lebensenergie Chi wieder in die Wohnung zurück und schützt vor Energieverlust.

»Beleben« Sie auch Ihr Gästezimmer!

Da Gästezimmer oftmals über lange Perioden leer stehen, brauchen sie eine zusätzliche Belebung. Je nachdem, in welchem Teil des Wohnungs-Bagua der Raum liegt, könnte im zugeordneten Lebensbereich ein energetisches Defizit auftreten. Lüften Sie deshalb regelmäßig, und aktivieren Sie das Zimmer mit gesunden Topfpflanzen und schönen Bildern. Besuchen Sie den Raum selbst so oft wie möglich, und setzen Sie im Alltag Maßnahmen zum Beleben des angesprochenen Bagua-Aspekts. Achten Sie vor allem darauf, dass das Gästezimmer nicht zu einem schlichten Abstellraum verkommt.

Radiästhesie und Zimmerpflanzen

In vielen Zimmern gibt es Plätze, an denen Pflanzen trotz guter Pflege nur vor sich hin kümmern – aber es gibt auch Stellen, an denen sie aufleben. Erdstrahlen, wie sie von Wasseradern oder anderen unsichtbaren Störzonen ausgehen, können die Ursache sein. Die meisten Zimmerpflanzen bevorzugen strahlungsfreie Plätze. Besonders empfindlich sind der Weihnachtskaktus (*Schlumbergera*-Hybride), die Blattkakteen (*Epiphyllum*-Hybriden), die Zimmerlinde (*Sparmannia africana*), die Zimmerazalee (*Rhododendron*-Hybride) und die Birkenfeige (*Ficus benjamina*).

Pflanzen gegen Schadstoffe

Nur Pflanzen sind in der Lage, Sauerstoff zu produzieren und zur Reinhaltung der Luft beizutragen. Einige haben sogar die Fähigkeit, verschiedene giftige Stoffe in ungiftige umzuwandeln. In unserer Raumluft findet sich heute oft ein Cocktail aus verschiedenen Schadstoffen, die zu unterschiedlichen gesundheitlichen Störungen führen und unsere Leistungsfähigkeit mindern. Auch aus Feng-Shui-Sicht ist eine energiereiche und gesunde Raumatmosphäre für ein harmonisches Leben und Arbeiten besonders wichtig. Regelmäßiges Lüften, viele Zimmerpflanzen und genügend Luftfeuchtigkeit sind die wichtigsten Waffen gegen eine krankmachende, energieraubende Atmosphäre. Ideal ist auch ein Feng-Shui-Zimmerbrunnen, er sorgt für Luftbefeuchtung in geheizten Räumen und lädt die Atmosphäre mit lebenswichtigen Minus-Sauerstoffionen auf. Auch Zimmerpflanzen unterstützen natürlich die Luftfeuchtigkeit in den Räumen, einige können sogar elektrische Störfelder reduzieren oder Schadstoffe filtern und umwandeln (s. u.). Den Hauptanteil an dieser wohltuenden Tätigkeit übernehmen übrigens nicht die Blätter, sondern die in der Blumenerde liegenden Wurzeln, zusammen mit den Mikroorganismen des Substrats. Pflanzen sind also kleine, lebendige, biochemische Aufbereitungsanlagen, die durch eine wohltuende Erhöhung der Luftfeuchtigkeit, ihr beruhigendes Grün und frischen Sauerstoff das Klima unseres Lebensraums beträchtlich verbessern. Außerdem helfen Pflanzen, statische Felder abzubauen und krankmachende Wechselfelder zu reduzieren. Nicht zuletzt erfreuen sie uns aber auch mit ihren schönen Blättern und Blüten.

Mein Tipp: Die Blätter sollten regelmäßig mit einem weichen Tuch feucht abgewischt werden. Das reinigt und öffnet die Blattporen für den Sauerstoffaustausch. Besondere Pflanzen-Notfalltropfen (Bezugsquelle → Seite 61) helfen den Gewächsen durch Phasen hindurch, wo es ihnen einmal nicht so gut geht oder sie nach dem Umtopfen oder Umstellen besonders viel Energie brauchen.

Pflanzentipps der NASA

Untersuchungen der NASA ergaben, dass einige Zimmerpflanzen-Arten bestimmte Schadstoffe filtern und sogar umwandeln können.

- Gegen Nikotin können Sie folgende Arten einsetzen: Efeutute *(Epipremnum aureum)* und Bogenhanf *(Sansevieria trifasciata)*.
- Gegen Kohlenmonoxyd (CO) helfen folgende Arten: Grünlilie *(Chlorophytum comosum)*, Efeutute *(Epipremnum aureum)*, Dieffenbachie *(Dieffenbachia maculata)*, Purpurtute *(Syngonium podophyllum)* und Rutenpalme *(Rhapis humilis)*.
- Gegen Formaldehyd können Sie die Hilfe folgender Arten und Sorten in Anspruch nehmen: Aloe *(Aloe barbadensis)*, Grünlilie *(Chlorophytum co-*

mosum), Schwertfarn *(Nephrolepis exaltata)*, Betelnußpalme *(Areca catechu)*, Baumfreund (*Philodendron*-Arten), Drachenbaum (*Dracaena fragrans* 'Massangeana'), Birkenfeige *(Ficus benjamina)* Einblatt *(Spathiphyllum floribundum)*, Gerbera *(Gerbera jamesonii)*, Banane (*Musa*-Arten) und Efeu *(Hedera helix)*.

Pflanzen können schädliche Einflüsse ausgleichen.

Computer und Fernseher entstören

Bei anderen Versuchen im Rahmen eines Seminars stellte sich auch heraus, dass der Säulenkaktus (*Cereus*-Arten), der Spindelkaktus (*Parodia*-Arten) und der Feigenkaktus (*Opuntia*-Arten) in der Lage sind, schwächende, linksdrehende Strahlung von Computern und anderen Elektrogeräten nahezu vollständig zu absorbieren (*Parodia*-Arten) oder sie sogar in Lebensenergie umzuwandeln (*Cereus*- und *Opuntia*-Arten). Um nun auch den Feng-Shui-Ansprüchen gerecht zu werden, sollten die dornigen Kakteen allerdings nicht zu nahe beim Menschen und außerhalb der Reichweite von Kleinkindern stehen. Seitlich oder schräg hinter dem Gerät platziert, tun sie aber speziell bei der Bildschirmarbeit – man sitzt ja oft sehr lange und nahe an der Strahlungsquelle – viel Gutes.

Diese attraktive Pflanzengruppe sorgt auch für gute Raumluft.

Richtig gestalten

Pflanzen und Bagua

Die einzelnen Bagua-Zonen stehen mit verschiedenen Lebensbereichen in enger Verbindung.
Deshalb sollten Sie sie möglichst optimal einrichten und mit Pflanzen bestücken – hier erfahren Sie mehr darüber.

Foto oben: Usambaraveilchen sind ideal für die Zone Hilfreiche Freunde.
Foto links: Farbenfrohe Gefäße können die Wirkungen der Zimmerpflanzen noch wohltuend steigern.

Die neun Zonen des Bagua

Das Bagua ist eine Art Schablone, die über einen Grundriss gelegt wird und schematisch dessen Energieströme aufzeigt. Es entwickelte sich aus den Trigrammen des J Ging (Literatur → Seite 61), und ist in acht äußere Felder und ein neuntes Feld im Zentrum aufgeteilt. Mit dem Bagua können Sie den Grundriss des Grundstücks, Hauses, der Wohnung oder eines einzelnen Raumes untersuchen (→ Das Bagua richtig anwenden, Seite 16). Jedem der neun Felder werden ganz bestimmte energetische Eigenschaften zugeordnet. Diese stehen in enger Beziehung zu einzelnen Lebensbereichen und geben Auskunft darüber, worauf bei der Raumgestaltung besonders zu achten ist.

Fehlbereiche – immer ein Problem?

Ein Fehlbereich (→ Seite 16f.), beispielsweise in der Zone Partnerschaft, zeigt lediglich eine *mögliche* Tendenz zu Beziehungsproblemen auf, bedeutet aber noch lange nicht, dass dies bei Ihnen auch tatsächlich so sein muss. Prüfen Sie also zuerst, ob die vom Bagua gezeigte Thematik in Ihrem Leben tatsächlich ein Problem ist. Ansonsten brauchen Sie nämlich nichts zu ändern, denn möglicherweise haben Sie das Thema bereits durch eigenes Zutun gelöst. Denn Ihr »inneres« Feng Shui ist ebenso wichtig wie das »äußere« Ihrer Wohnung.

Packen Sie's an!

So gehen Sie bei der Beurteilung Ihrer Räume vor:

- Zeichnen Sie das Bagua ein (→ Seite 16), und eruieren Sie, ob Fehlbereiche (→ Seite 17) oder ungenutzte Räume vorhanden sind.
- Prüfen Sie bei geschwächten oder nicht vorhandenen Bagua-Zonen, ob diese zu Problembereichen in Ihrem Leben passen.
- Wenn ja, dann können Sie Maßnahmen im eigenen Verhalten setzen, die eine Lösung des Problems ermöglichen oder zumindest unterstützen – kümmern Sie sich zum Beispiel intensiver um Ihre Partnerschaft.
- Gleichzeitig sollten Sie auch durch aktivierende Feng-Shui-Maßnahmen (→ Seite 48) in der dazu gehörigen Bagua-Zone der Wohnung oder eines Zimmers für mehr förderliche Energie sorgen.
- Beobachten Sie die Auswirkungen, und greifen Sie gegebenfalls zu weiteren Maßnahmen.

Das Bagua mit Pflanzen aktivieren

Das Ziel jeder Bagua-Aktivierung ist es, das Chi der jeweiligen Zone bestmöglich zu stärken und es optimal ins Fließen zu bringen. Neben den traditionellen Feng-Shui-Maßnahmen (→ Seite 20ff.) wie Licht, Farben, Spiegel, Klangspiele, DNS-Spiralen, Regenbogenkristallen, Spiegelkugeln oder Wasser-Accessoires wie Bildern oder Zimmerbrunnen nehmen Pflanzen wegen ihrer Vielfalt und Lebendigkeit einen einzigartigen Rang ein. Für praktisch jeden Einsatzbereich mit ausreichend Licht gibt es die ideale Pflanze, die genau jene Eigenschaften widerspiegelt, die die Zone benötigt. Die hier vorgestellten inneren Eigenschaften von Pflanzen wurden in intensiver Forschungsarbeit vom Team Berchtold/Sator erarbeitet. Einen Überblick finden Sie auf den folgenden Seiten und der Tabelle auf Seite 56f. Detailliertere Ergbnisse finden Sie im großen Ratgeber »Feng Shui – Harmonisches Wohnen mit Pflanzen«.
Wählen Sie aber für Ihre Feng-Shui-Aktivitäten immer nur solche Pflanzen, die Ihnen intuitiv auch persönlich gefallen, und pflegen Sie sie liebevoll.
Je kraftvoller und gesünder die Pflanzen, desto förderlicher ist das von ihnen beigesteuerte Chi.

Die Zone Karriere

Die Bagua-Zone Karriere symbolisiert Ihre »Reise durch das Leben«. Sie betrifft aber nicht nur Ihre berufliche Karriere, sondern zeigt auch auf, wie sehr Sie bereits Ihrer wahren Lebensaufgabe folgen und den Beruf ausüben, der Ihrer wahren »Berufung« entspricht. Durch seine Zuordnung zum Element Wasser hat dieser Abschnitt auch eine Beziehung zur Kommunikation, zur Willenskraft und den Gefühlen.
In Wohnungen mit fehlender Karriere-Zone, mangelt es häufig an klarer Orientierung und Ehrgeiz im Leben. Unzufriedenheit und gleichzeitige Richtungslosigkeit lassen das Leben unnötig düster und grau erscheinen. Wenn Ihr Eingang in diesem Abschnitt liegt, dann wird die Zone durch das ständige Kommen und Gehen besonders aktiviert – aber nur dann, wenn genügend Platz für das ungehinderte, freie Eintreten ist.

Pelargonien stärken und harmonisieren.

Gestalten und stärken
Entfernen Sie Chi-Bremser wie Schuhe, Kartons oder zu viele Möbelstücke, und schaffen Sie ausreichend Platz. Günstig wirkt hier auch Wasser, etwa als Zimmerbrunnen oder als Bild mit Bach. Bilder und Gegenstände, deren Symbolik an Zukunft und Fortschritt erinnern, sind für diese Zone perfekt. Helles Licht ist hier Pflicht, günstig platzierte Spiegel stärken den Raum, indem sie ihn erweitern. Vielleicht finden Sie ja auch Gegenstände und Bildmotive, die Ihre heimlichsten Wünsche und Sehnsüchte widerspiegeln? Diese unterstützen ganz hervorragend den Neubeginn und das Wieder-in-Gang-Bringen stockender Lebensflüsse. Günstig sind die Farben Dunkelblau und Weiß und alles Helle. Liegt der Karriere-Bereich zum Teil außerhalb der Wohnung, etwa im Treppenhaus, könnten dort Pflanzen die Zone aktivieren. Je besser das Chi in Ihrer Karriere-Zone fließen kann, umso leichter werden Sie Ihre Lebensziele erreichen. Selbst wenn die Karriere für Sie eigentlich kein Problem ist, sollten Sie die Zone im Auge behalten: Sie beeinflusst wie keine andere die Partnerschafts-Zone.

Günstige Pflanzen
Wählen Sie Arten mit Wasser-Energie. Für vollsonnige Standorte ist die Pelargonie (*Pelargonium-Zonale*-Hybride) optimal, an hellen Plätzen die Zimmerlinde *(Sparmannia africana)* an weniger hellen der Bubikopf *(Soleirolia soleirolii)*.

Pflanzen und Bagua

Die Bougainvillee heilt Seele und Geist.

Die Zone Partnerschaft

Die Partnerschafts-Zone ist mit dem Element Erde verbunden. Sie steht für Offenheit, Empfänglichkeit und unsere Sehnsüchte. Sie repräsentiert dazu jede andere Form von zwischenmenschlichen Beziehungen.
Ein Fehlbereich in diesem Abschnitt kann ein Hinweis auf eine schwierige Paar-Beziehung sein, oder es lebt hier ein Single. Wenn Sie Ihre Partnerschaft aktivieren möchten, betrachten Sie zunächst die verschiedenen Partnerschafts-Zonen der einzelnen Räume. Fehlt eines der Felder vielleicht ganz? Wirken sie alles in allem eher vernachlässigt und trostlos? Die zwei wichtigsten Partner-Ecken sind die des Gesamtgrundrisses und die Ihres Schlafzimmers. Hier sind Maßnahmen besonders angebracht. Die Energie der Partner-Zone ist darüber hinaus dem weiblichen Element zugeordnet. Ein Mangel in diesem Abschnitt schwächt folglich besonders die Persönlichkeit der Frau.

Gestalten und stärken
In den Räumen, wo die Partner-Zone teilweise oder ganz vorhanden ist, sollten Sie sie »erdig« gestalten, also offen und einladend. Wählen Sie zwei (!) bequeme Sitzmöbel, weiche Kissen, Möbel mit sanften Konturen und Formen, die Farben Gelb, Braun, Beige, Terrakotta und Bilder mit Landschaftsmotiven. Vermeiden Sie Symbole von Einsamkeit oder Einzelgängertum, und wählen Sie stattdessen die Zweisamkeit verstärkende, gepaarte Gegenstände und Motive, wie etwa zwei blühende Blumen anstatt einer einzelnen. Zum Stärken einer bestehenden Beziehung finden hier Fotos und schöne Erinnerungen an das gemeinsame Leben ihren Platz. Alles Feurige wie Rottöne oder zwei rote Kerzen in einem Doppel-Halter nähren die Erde-Energie und fügen der Beziehung zusätzlich einen Schuß Feuer bei.

Günstige Pflanzen
Wählen Sie Pflanzen mit Erde-Energie. An vollsonnigen Standorten gedeiht die Bougainvillee (*Bougainvillea*-Hybride) gut, an hellen Orten das Kreuzkraut (*Senecio*-Hybride), an weniger hellen der Errötende Baumfreund *(Philodendron erubescens)*, er ist ideal für das Schlafzimmer.

Das Kreuzkraut.

Errötender Baumfreund.

Die Zone Familie

Dieser Bereich betrifft die Familie, die Eltern und Vorfahren und verbindet Sie mit Ihrem geistigen Erbe, jenen Grundlagen und energetischen Informationen, die Ihnen mit auf den Weg gegeben wurden. Ein guter Kontakt zu Ihren Eltern ist sehr wichtig, weil er die »Quelle des Ursprungs« am Fließen hält. Der Familien-Abschnitt des Bagua folgt nicht ohne Grund gleich unmittelbar auf den Partner-Bereich.
Unordnung, ungenutzte Dinge in der Familien-Zone symbolisieren Stagnation. Verzeihen, das Vergessen und Abschließen von erlittenen Verletzungen und Vergangenem können demnach durch Sanieren, Entrümpeln und Saubermachen in der Familienzone unterstützt werden. Einen Fehlbereich sollten Sie auch hier ausgleichen (→ Seite 16f. und 46).

Gestalten und stärken
Trennen Sie sich so gut es geht von alten und nicht mehr benötigten Gegenständen – dies wirkt befreiend und ermöglicht einen harmonischeren Energiefluss für Ihre Zukunft. Vieles in Ihrem Leben, das ansonsten nur mühsam erreicht werden könnte, wird dadurch sehr viel leichter werden.
Ein Defizit in der Familien-Zone zeigt sich häufig als Antriebslosigkeit, mangelnde Energie und fehlendes Durchhaltevermögen. Vor allem Klang und Musik sorgen hier für frischen Schwung. Umgekehrt sollte zum Dämpfen allzu streitlustiger Menschen (etwa der Nachbarn) die Familien-Zone betont »leise« gestaltet werden. Auch die Farbe Gelb wirkt günstig, ebenfalls eine große, gesunde Zimmerpflanze. Alles dem Holz-Element zuordenbare wie hohe, aufstrebende Einrichtungsgegenstände und Formen fördern den Familien-Abschnitt. Hierzu zählen schlanke und hohe Möbel, Säulen, die Farbe Grün, Bilder, Poster und Motive mit Pflanzen und Wäldern.

Die Klivie wirkt auf den Menschen inspirierend.

Günstige Pflanzen
Wählen Sie Arten mit Holz-Energie. An vollsonnigen Plätzen passt die Klivie *(Clivia miniata)*, an hellen der Kroton *(Codiaeum variegatum)*, an weniger hellen die Efeuaralie *(Fatshedera lizei)*. Diese wirkt auf das Umfeld und andere Pflanzen besonders harmonisierend.

Der Kroton.

Die Efeuaralie.

Das Fleißige Lieschen reinigt den Geist.

Die Spaltblume.

Die Zone Reichtum

Die Reichtums-Zone bezieht sich auf Ihr Lebensglück und auf die vielen bereichernden Erfahrungen, die das Leben so lebenswert machen. Neben dem finanziellen Wohlstand sind also hier auch immaterielle Geschenke angesprochen. Gutes Chi in dieser Zone hilft Ihnen, diese Werte besser zu erkennen und im Alltag zu nutzen. Auch führt es zu einer Stärkung des Selbstwertgefühls und bringt verborgene Fähigkeiten ans Tageslicht. Sollte Ihnen immer wieder das Geld zwischen den Fingern zerrinnen, dann liegt vielleicht in dieser Zone das Bad oder WC? Durch das ablaufende Wasser kann viel Energie verloren gehen. Oder es befindet sich hier ein Stagnation verursachender Abstellraum? In diesem Fall aktivieren Sie am besten ersatzweise die Reichtums-Ecke in einem wichtigen Raum.

Gestalten und stärken
Hilfreich ist alles, was Holz-Energie erzeugt oder fördert. Die Farben Grün, Blau und Türkis, ein Aquarium (sofern gut gepflegt!), Bilder von fließendem Wasser, eine leere – Fülle sammelnde – Schale und Symbole, mit denen Sie selbst Fülle und Wohlstand assoziieren, helfen der Reichtums-Zone. Alle beweglichen und bewegenden Gegenstände wie Skulpturen, Windräder, Mobiles und alles luftig-duftige sind in der Reichtums-Zone besonders günstig. Zirkulierendes, lebendiges Wasser in einem Zimmerbrunnen gilt als ideal, da Wasser die Holz-Energie dieser Zone nährt. Als Ausgleichsmaßnahme bei Mängeln oder einfach zum Beleben der Zone eignen sich generell gesunde, nach oben wachsende Pflanzen. Oder Sie entscheiden sich für eine der unten aufgeführten Arten, die ideal in diese Bagua-Zone passen. Auch strahlendes Licht ist eine gute Maßnahme zur Stärkung von Reichtum. Bei fensterlosen Räumen müssen Bilder mit Pflanzen- oder Landschaftsmotiven für Ersatz sorgen. Um zu verhindern, daß allzu viel Chi ins Bad oder WC in der Reichtums-Ecke entweicht, empfiehlt sich zusätzlich ein kleiner Spiegel an der Außenseite der betroffenen Tür. Dieser reflektiert die Energie in die Wohnung zurück.

Günstige Pflanzen
Wählen Sie Arten mit Holz-Energie. An Plätzen mit voller Sonne gedeiht die Spaltblume (*Schizanthus*-Hybride) sehr gut, an hellen Orten das Fleißige Lieschen (*Impatiens*-Hybride), an weniger hellen Standorten der Rippenfarn *(Blechnum gibbum)*.

Die Zone Zentrum oder Tai Chi

Das Zentrum des Bagua steht für die Gesundheit, das innere Gleichgewicht, die Stabilität. Da dieser Bereich die Sammlung und Verteilung der Energien übernimmt, sollte er frei und unverbaut sein. In vielen Ländern findet sich daher traditionell in der Gebäudemitte ein freier Innenhof.

Gestalten und stärken
Je freier das Zentrum, desto besser verteilen sich die Energien – die Menschen können ihre Ressourcen besser nutzen, sie leben ausgeglichener. Herrscht Unordnung im Zentrum oder ist es durch eine Mauer, ein Treppenhaus oder einen Abstellraum blockiert, dann kann dies die Lebenspläne, die Gesundheit und den Kontakt zu anderen Menschen stören. Es ist daher besser, in der Mitte eines Raumes Platz zu lassen, selbst ein Esstisch sollte nicht genau dort stehen. Sorgen Sie generell im Zentrum für Offenheit und gutes Licht. Setzen Sie aber nur dann ausgleichende Maßnahmen, wenn Sie tatsächlich feststellen, dass Ihre innere Mitte blockiert ist oder Ihre Gesundheit einen Chi-Impuls vertragen könnte. Ein Achteck-Muster oder ein Stern im Parkett, ein runder Teppich in der Raummitte, ein schöner Kristallleuchter, ein funkelnder Regenbogenkristall an der Decke oder eine DNS-Spirale können hier wertvolle Dienste leisten. Da dem Tai Chi das Erde-Element zugeordnet ist, sind die Farben Gelb, Braun, Orange sowie Gegenstände aus Stein, Keramik, Terrakotta sehr günstig, ebenso wie Mineralien. Wenn Sie unter Unruhe oder Stress leiden, dann sollten Sie jedoch keine bewegten Gegenstände im Zentrum haben. Befestigen Sie daher auch DNS-Spiralen dort nur an einem sehr kurzen Faden. Objekte wie Mobiles sollten Sie nur dann einsetzen, wenn Sie eine stagnierende Situation schnell auflösen wollen.

Der Hibiskus reinigt Mensch und Umfeld.

Günstige Pflanzen
Wählen Sie Arten mit Erde-Energie. Für sonnige Plätze eignet sich der Hibiskus *(Hibiscus rosa-sinensis)* ausgezeichnet, für helle das Fensterblatt *(Monstera deliciosa)*, für weniger helle Orte der Lederfarn *(Arachniodes aristata)*.

Das Fensterblatt.

Die Zone Hilfreiche Freunde

Diese Zone steht für die sichtbaren und unsichtbaren Unterstützungen, die ein Mensch erfährt. Sie hat von allen Zonen die männlichsten Energien und fördert daher die Eigenschaften und Qualitäten von Führung, Autorität, Einfluss, Männlichkeit, Erfolg, Stärke und Sicherheit. Wenn Sie sich auf andere verlassen können, Sie Hilfe bekommen, dann ist die Hilfreiche-Freunde-Zone wohl bestens in Schuss. Allgemein kann von der Größe der Zone auf Ihren potenziellen Freundeskreis geschlossen werden: Je größer sie ist, umso leichter sollte es Ihnen fallen, sich gute Freunde zu machen.

Die Zimmer-Azalee wirkt harmonisierend.

Gestalten und stärken
Falls Sie die Zone beleben und aufwerten möchten, dann sind alle metallischen Gegenstände sowie die Farben Weiß, Gold und Silber zu empfehlen. Auch Symbole der Stärke und Männlichkeit, Schmuck und Kristalle nähren die Hilfreiche-Freunde-Zone. Wenn diese Ecke in Ihrer Wohnung fehlt, dann mangelt es an Unterstützung, Sie fühlen sich möglicherweise auf sich allein gestellt. Autoritätsprobleme könnten sich einstellen, etwa mit Vorgesetzten. Eventuell fällt Ihnen auch das Erziehen Ihrer Kinder ungewöhnlich schwer, weil sich der Nachwuchs sehr eigensinnig entwickelt. Ein Fehlbereich in dieser Zone schwächt und reduziert auf Dauer die Kraft und Präsenz der Männer im Haus. Häufig wohnt daher in einem solchen Haus eine alleinstehende Frau. Unterstützend und fördernd wirkt auch das Element Erde, also alle Gegenstände aus Stein, Terrakotta, Keramik und die Erdfarben Gelb, Braun, Orange und Ocker. »Wer gibt, dem wird gegeben, wer Gutes tut, dem wird geholfen«, besagt ein Sprichwort und zeigt damit auch gleich die Beziehung der Hilfreiche-Freunde-Zone zur diagonal gegenüberliegenden Reichtums-Zone an.

Günstige Pflanzen
Wählen Sie Pflanzen mit Metall-Energie. An Plätzen mit voller Sonne gedeiht die Zitrone *(Citrus limon)*, an hellen die Zimmer-Azalee (*Rhododendron*-Hybride), an weniger hellen das Usambaraveilchen (*Saintpaulia*-Hybride).

Zitronenbäumchen.

Usambaraveilchen.

Die Gardenie duftet betörend.

Die Birkenfeige hilft bei Trauer.

Die Zone Kinder

Diese Zone repräsentiert die schönen Dinge des Lebens, steht für Phantasie, Hoffnung, kreativen Selbstausdruck, künstlerische Betätigung, Spiele, Tanz, Freude, feines Kochen und genussvolles Speisen. Auch das gute Gespür und das Bedürfnis nach Ästhetik, geschmackvoller Einrichtung und schönen Kleidern spiegelt sich hier. Aber auch ein bisschen Kitsch und Romantik finden hier ihren Platz: Sonnenuntergänge, Abendstimmungen und Herbstimpressionen entsprechen der Metall-Energie der Kinderzone. Ein Fehlbereich in dieser Zone kann widerspiegeln, dass ein Kinderwunsch trotz aller Bemühungen unerfüllt bleiben wird oder sich mit den Kindern Probleme einstellen könnten. Auch Lebensgenuss, Freude, Kreativität und Spiel kommen vielleicht zu kurz.

Gestalten und stärken
Ist die Kinder-Zone zwar vorhanden, aber sehr mit Gegenständen überfüllt, kann sich die Kreativität wahrscheinlich nicht optimal entfalten. Ein herzhaftes Entrümpeln bringt also die Gedanken wieder in Fluss, unterstützt neue Ideen und fördert Inspiration. Um die Kinder-Zone generell aufzuwerten, sind Gegenstände aus Metall oder mit metallisch-glänzenden Oberflächen und runden Formen sehr günstig. Aber auch alles Spielerische, Phantasie und Kreativität Beflügelnde passt gut in diesen Abschnitt. Ideal sind Gegenstände, die an Lebensgenuss erinnern. Genährt wird die Kinder-Zone ebenfalls durch die Kraft der Erde (→ auch links). Günstig sind also Gebrauchs- oder Ziergegenstände aus Keramik, Terrakotta oder Stein sowie die Farben Gelb, Orange, Braun und Beige. Da die Zone mit dem Herbst und der Ernte in Verbindung gebracht wird, kann ihre Belebung auch zu geschäftlichem oder gesellschaftlichem Erfolg führen.

Günstige Pflanzen
Wählen Sie Arten mit Metall-Energie. An vollsonnigen Orten gedeiht die Tigeraloe *(Aloe variegata)* gut, an hellen die Gardenie *(Gardenia jasminoides)*, an weniger hellen die Birkenfeige *(Ficus benjamina)*.

Die Zone Wissen

Sie ist die Zone der Stille und steht für die vielschichtigen inneren Erkenntnisse, die aus dem offenen Nach-Innen-Spüren entstehen. Nicht zufällig liegt dieser Abschnitt diametral gegenüber der Partnerschafts-Zone, da für eine solide Partnerschaft das Arbeiten an sich selbst sehr wichtig ist. Dieser Bagua-Abschnitt repräsentiert Willenskraft, Durchsetzungsvermögen, Ruhe, Verlässlichkeit, Unerschütterlichkeit, auch die Fähigkeit, sich rechtzeitig aus der hektischen Betriebsamkeit von Beruf und Alltag zurückzuziehen. Leider häufig unterschätzt, ist sie eine der wichtigsten Zonen des Bagua. Sie verhilft zur nötigen Ruhe und unterstützt den inneren Frieden.

Gestalten und stärken
Um die Zone zu aktivieren, sind ruhende, stabile Behältnisse wie Tongefäße, Kartons, Schränke, Vitrinen, Vasen, Krüge, Truhen und schwere Möbel besonders zu empfehlen. Da die Wissens-Zone der Erde-Energie zugeordnet wird, wirken die Farben Gelb, Braun, Beige und Orange hier besonders stärkend. Zum Fördern der Wissensenergie können auch die Feuer-Farbe Rot, feurig-inspirierende Kunstwerke oder hell strahlende Leuchten herangezogen werden. Und wenn Sie die ideale Raumzuordnung suchen: Die Bibliothek, der Meditationsraum, der persönliche Rückzugsort sind perfekt in der Wissens-Zone untergebracht. Ruhezonen und Schlafräume stellen dasselbe Prinzip dar, auch selten genutzte Wohnungsabschnitte sind in der Phase der Nichtnutzung in diesem Zustand.

Die Topfrose hebt die Stimmung.

Günstige Pflanzen
Wählen Sie Pflanzen mit Erde-Energie. An einem sonnigen Platz gedeiht die Topfrose *(Rosa chinensis)* gut, an hellen Orten der Drachenbaum *(Dracaena fragrans)*, an weniger hellen die Alokasie *(Alokasia lowii)*.

Der Drachenbaum.

Die Alokasie.

Malayenblume und Ruhmeskrone.

Die Amaryllis.

Die Zone Ruhm

Die Zone Ruhm befindet sich direkt gegenüber der Karriere-Zone. Sie entspricht als einzige Bagua-Zone dem Element Feuer und strahlt daher entsprechend stark in ihr Umfeld. Ihr Ansehen, Ihre persönliche Ausstrahlung – also wie Sie auf andere Menschen und Ihre Umgebung wirken – ist hier zu erkennen. Strahlkraft, Wärme, Klarheit, Helligkeit, Verständnis und Erkenntnis sind ebenfalls in diesem Abschnitt des Ruhmes zuhause.

Gestalten und stärken
Die Energie dieser Zone lässt sich entsprechend gut durch das Feuer im offenen Kamin, durch Kerzen, funkelnde und strahlende Leuchten oder Kunstwerke mit Inspirationskraft verstärken. Auch die Farbe Rot oder der (vielleicht sogar neunarmige) Kerzenhalter steigern Feuer-Energie, weiters auch Poesie, Gemälde und klassische Musik. Wenn es Ihnen an Strahlkraft fehlt oder Sie sich antriebslos fühlen, dann tut nicht nur ein Spaziergang in der Sonne gut. Es hilft auch, die Wohnung – speziell die Ruhm-Zone – entsprechend mit Feuer-Energie oder der nährenden Holz-Schwingung zu unterstützen. Dazu zählen kräftige, gesunde Zimmerpflanzen, grüne Accessoires, Bilder mit Naturmotiven und alle aufstrebenden Möbelformen oder Muster. Ein Übermaß an Feuer-Energie – etwa durch zu große Fensterflächen, die ungeschützt das gleißende Sonnenlicht hereinlassen – oder ein Zuviel an roten Gegenständen kann hingegen Hektik oder fahriges Verhalten provozieren, oder die Umsetzung von Projekten und Plänen gerät in Schwierigkeiten. Reduzieren Sie in einem solchen Fall die Feuer-Energie durch teilweise Verdunklung, entfernen Sie rote Gegenstände, und integrieren Sie kontrollierende Wasser- oder die abziehende Erde-Energie, um die Feuerkraft zu zähmen. Ein Allzuviel an Feuer in der Ruhm-Zone könnte nämlich auch dazu führen, dass die Öffentlichkeit in übertriebenem Ausmaß Anteil an Ihrem Privatleben nimmt und dabei die Intimsphäre verletzt.

Günstige Pflanzen
Wählen Sie Arten mit Feuer-Energie. An einem hellen Standort ist die Amaryllis (*Hippeastrum*-Hybride) ideal, an hellen Plätzen die Ruhmeskrone (*Gloriosa rothschildiana*), an weniger hellen gedeiht noch die Malayenblume (*Phalaenopsis*-Hybride).

Bagua und Pflanzen

Name	Standort Höhe cm	Blütezeit Farbe	Bemerkungen
Element Holz	**Bagua-Zonen Familie und Reichtum**		
Rippenfarn *Blechnum gibbum*	weniger hell 30–100	keine Dunkelgrün	Er ist ideal für die Familien- und Reichtums-Zone und wirkt inspirierend und anregend auf den Menschen.
Klivie *Clivia miniata*	vollsonnig 20–40	Februar–Mai Rot	Sie zählt zu den Liebespflanzen und hilft besonders dann, wenn das erste Feuer der Leidenschaft nachlässt.
Kroton *Codiaeum variegatum*	hell 20–50	keine mehrfarbig	Er zählt zu den Liebespflanzen, baut Misstrauen ab und hilft, Eifersucht zu bekämpfen, aber auch neu zu beginnen.
Efeuaralie *Fatshedera lizei*	weniger hell 25–150	keine Sattgrün	Sie ist ideal für die Familien- und Reichtums-Zone und wirkt auf ihr Umfeld und andere Pflanzen harmonisierend.
Fleißiges Lieschen *Impatiens*-Hybride	hell 20–25	Juni-Oktober Rosa	Es hat beim Menschen eine spirituell heilende Wirkung und kann eine Reinigung auf geistiger Ebene unterstützen.
Spaltblume *Schizanthus*-Hybride	vollsonnig 20–40	Juli-September Rot	Sie kann trübe Stimmungen aufhellen, ist auch gegen Depressionen hilfreich und aktiviert die Raumenergie.
Element Feuer	**Bagua-Zone Ruhm**		
Flamingoblume *Anthurium scherzerianum*	hell 20–40	ganzjährig Rot	Sie wirkt stärkend auf die Menschen und ihr Umfeld. Rote Sorten können menschliche Energien harmonisieren.
Ruhmeskrone *Gloriosa rothschildiana*	hell 30–70	Juni–August Rot-Gelb	Die Ruhmeskrone fördert Harmonie in der Partnerschaft, wirkt als Liebespflanze und entfacht die Leidenschaft.
Amaryllis *Hippeastrum*-Hybride	vollsonnig 25–45	Januar–April Rot	Die Amaryllis wirkt stark inspirierend, vor allem, wenn man sich Zeit nimmt, sie in Ruhe zu betrachten.
Dattelpalme *Phoenix roebelenii*	vollsonnig 60–150	keine Sattgrün	Sie ist eine Liebespflanze, besonders für neu verliebte Paare, aphrodisiert über die Augen und erhält die Liebe frisch.
Element Erde	**Bagua-Zonen Wissen, Partnerschaft und Zentrum**		
Alokasie *Alocasia lowii*	weniger hell 20–40	keine Weißgrün	Sie wirkt stärkend auf die Energie des Raumes und kann andere gestresste Pflanzen »trösten«.
Bouganivillee *Bougainvillea*-Hybride	vollsonnig 30–250	Mai–Juli Lilarot	Sie wirkt auf seelisch-geistiger Ebene heilend und möchte einen Terrakottatopf für sich alleine haben.
Drachenbaum *Dracaena fragrans*	hell 30–60	keine zweifarbig	Er schafft ein harmonisches Energieklima im Raum, braucht dafür aber ein großes Gefäß und viel Platz um sich herum.
Hibiskus *Hibiscus rosa-sinensis*	vollsonnig 25–150	März–Oktober Lachs, Rot	Er wirkt auf den Menschen und sein Umfeld reinigend, mag es aber nicht, wenn er hin und her geschoben wird.
Fensterblatt *Monstera deliciosa*	hell 60–350	keine Sattgrün	Es zählt zu den Liebespflanzen und hilft, Ängste zu überwinden, braucht aber einen ruhigen Ort, um wirken zu können.
Errötender Baumfreund *Philodendron erubescens*	weniger hell 30–80	keine Sattgrün	Er ist eine Liebespflanze, wirkt aber im Schlafzimmer zu stark. Beide Partner sollten den Standort nach Gefühl bestimmen.
Kreuzkraut *Senecio*-Hybriden	hell 20–35	März–April Lila	Es kann schlechte, gespannte Stimmung neutralisieren und unterstützt das Fassen von klaren Gedanken.

Bagua und Pflanzen

Name	Standort Höhe cm	Blütezeit Farbe	Bemerkungen
Element Metall	**Bagua-Zonen Kinder, Hilfreiche Freunde**		
Tigeraloe *Aloe variegata*	vollsonnig 10–30	keine Graugrün	Sie entfaltet eine reinigende Wirkung auf ihr Umfeld und andere Pflanzen in ihrer Nähe.
Birkenfeige *Ficus benjamina*	weniger hell 50–200	keine Sattgrün	Sie reinigt den Raum von negativen Energien und wirft sie mit den Blättern ab. Entfernen Sie diese immer gleich.
Gardenie *Gardenia jasminoides*	hell 15–90	Juli–Oktober Weiß, Rot	Sie wirkt stärkend auf uns Menschen, ihre intensiv duftenden Blüten sprechen vor allem die Gefühlsebene an.
Kletter-Philodendron *Philodendron scandens*	weniger hell 20–250	keine Sattgrün	Die Kletterpflanze wirkt stärkend und harmonisierend auf ihr Umfeld und besonders inspirierend auf Frauen.
Zimmer-Azalee *Rhododendron*-Hybride	hell 15–35	Dezember–April Rot, Rosa	Sie harmonisiert andere Pflanzen und entfaltet eine ähnliche, aber etwas schwächere Wirkung auf den Menschen.
Usambaraveilchen *Saintpaulia*-Hybride	weniger hell 10–20	ganzjährig Rot, Rosa, Blau	Es wirkt harmonisierend auf sein Umfeld und sogar auch auf die Atmosphäre des Raumes.
Element Wasser	**Bagua-Zone Karriere**		
Grünlilie *Chlorophytum comosum*	hell 20–100	Juni–November Weiß	Sie wirkt energetisch reinigend auf Mensch und Umfeld und kann Ungleichgewicht wieder ausgleichen.
Aufrechte Pelargonie *Pelargonium zonale*	vollsonnig 20–50	Mai–Oktober Rosa, Rot	Sie wirkt stärkend und harmonisierend auf ihr Umfeld und auch auf die Raumenergie.
Bubikopf *Soleirolia soleirolii*	weniger hell 10–15	keine Hellgrün	Er wirkt harmonisierend auf die Raumenergie und ist auch in Ampeln sehr hübsch anzusehen.
Zimmerlinde *Sparmannia africana*	hell 50–200	Dezember–März Weiß	Sie wirkt stark harmonisierend auf Mensch und Raumenergie und gleicht Einseitigkeiten aus.
Pflanzen-Spezialisten	**Bagua-Zonen Siehe Bemerkungen**		
Zitrone *Citrus limon*	vollsonnig 60–200	ganzjährig Weiß	Ideal für alle Zonen. Die Pflanze wirkt auf den Menschen aktivierend, die Frucht wirkt reinigend auf Mensch und Raum.
Laelia *Laelia purpurata*	hell 20–50	Juni–September Lila	Ideal für alle Zonen. Sie wirkt als Liebespflanze aphrodisierend und hilft verschlossenen Partnern, mehr aus sich zu gehen.
Malayenblume *Phalaenopsis*-Hybride	weniger hell 20–40	ganzjährig Rosa	Sie kann ihre Energien in allen Bagua-Zonen entfalten und wirkt auf geistig-seelischer Ebene heilend.
Topfrose *Rosa chinensis*	vollsonnig 20–40	Juni–September Rot	Für alle Zonen außer Ruhm, Zentrum und Karriere. Sie hebt die Stimmung und sendet Heilimpulse aus.
Frauenhaar *Scirpus cernuus*	weniger hell 15–30	ganzjährig Braun	Ideal für alle Bagua-Zonen. Es wirkt spirituell heilend und harmonisierend, reinigt von destruktiven Gedanken.
Hanfpalme *Trachycarpus fortunei*	hell 60–350	Sommer Creme	Ideal für alle Zonen außer dem Zentrum. Sie wirkt auf Umfeld und Menschen stärkend und harmonisierend.
Zebrakraut *Tradescantia zebrina*	hell 20–60	blüht selten gestreift	Ideal für alle Bagua-Zonen. Es kann bei anderen Pflanzen sehr gut Spannungen abbauen, verbessert das Raumklima.

Register

Sach- und Pflanzenregister

Die **halbfett** gesetzten Seitenzahlen verweisen auf Farbfotos und Zeichnungen.
U=Umschlagseite

Register

Register

Literatur, Adressen

Literatur, die weiterhilft

(falls nicht im Handel, dann in Bibliotheken erhältlich)

Anthony, C. K.: *Handbuch des klassischen J Ging.* Diederichs, München

Drehscheibe *Feng Shui – Gartengestaltung für die Sinne.* Gräfe und Unzer, München

Drehscheibe *Feng Shui – mehr Energie durch Zimmerpflanzen.* Gräfe und Unzer, München

Fahrnow, E. M., Fahrnow J. H. und Sator, G.: *Feng Shui in der Küche.* Gräfe und Unzer, München

Fahrnow, E. M., Fahrnow J. H. und Sator, G.: *Feng Shui und die 5-Elemente-Küche.* Gräfe und Unzer, München

Flehmig, A. und Strauss, F.: *Zimmerpflanzen für Einsteiger.* Gräfe und Unzer, München

Kalteiß, E.: *Elektrosmog – im Zweifel für den Angeklagten.* Hensch, Nienburg

Mayer J. und Strauss, F.: *Balkon- und Kübelpflanzen für Einsteiger.* Gräfe und Unzer, München

Meyer, H. und Sator, G.: *Besser leben mit Feng Shui.* Irisiana, München

Qian, J: *Feng Shui – Die Kunst des Wohnens.* Gräfe und Unzer, München

Qian, J.: *Feng Shui für Haus und Garten.* Gräfe und Unzer, München

Sator, G.: *Feng Shui – die Kraft der Wohnung entdecken und nutzen.* Gräfe und Unzer, München

Sator, G.: *Feng Shui für jeden Garten.* Gräfe und Unzer, München

Sator, G.: *Feng Shui für Kinder.* Gräfe und Unzer, München

Sator, G.: *Feng Shui – Garten für die Sinne.* Gräfe und Unzer, München

Sator, G.: *Feng Shui – Harmonie für Partnerschaft und Liebe.* Gräfe und Unzer, München

Sator, G.: *Feng Shui – Leben und Wohnen in Harmonie.* Gräfe und Unzer, München

Tompkins, P. und Bird, Ch.: *Das geheime Leben der Pflanzen.* Fischer, Frankfurt

Zeitschriften

FLORA.
Gruner + Jahr AG & Co.,
Postfach 110011
10444 Hamburg

Kraut und Rüben.
BLV Verlagsgesellschaft mbH,
Lothstraße 29
80797 München

mein schöner Garten
Burda Senator Verlag GmbH,
Postfach 77602
77562 Offenburg

Adressen

Feng-Shui-Versand für Deutschland
Willy Penzel Handels- und Vertriebs GmbH
Willy-Penzel-Platz 2
D-37619 Heyen

Feng-Shui-Versand für Österreich, Schweiz und EU
SATOR®- Living
Atterseestraße 4
A-5310 Mondsee
email: office@sator.at
www.sator.at

Dank

Ich bedanke mich bei Rainer Berchtold für seine Unterstützung bei der Untersuchung der inneren Qualitäten der Pflanzen. Weiters danke ich allen an der Entstehung dieses Buches Beteiligten. Beim Gräfe und Unzer Verlag sind dies stellvertretend für die vielen hilfreichen Geister Sabine Schulz und Jutta Hamberger, ganz besonders auch meine Lektorin Jolanda Englbrecht, die das „Feng Shui des Textens“ so wunderbar beherrscht. Mit einem herzlichen Kuss bedanke ich mich nicht zuletzt auch bei meiner Partnerin Sigrid Sator für ihre Geduld und hilfreiche Unterstützung.

Umschlagfotos

Umschlagvorderseite: Blühende Pflanzen, frische Schnittblumen und Accessoires bringen Energie in die Wohnung. Umschlagseite 2: Wohnraum im Frühling. Umschlagrückseite: Zimmerpflanzen entfalten wohltuende Kräfte.

Faszinierende Welt der Zimmerpflanzen

Von der lebendigen Vitalkraft der Zimmerpflanzen werden alle profitieren, die sich in ihrer Nähe aufhalten. Unsere grünen Helfer können das Chi eines Raumes anheben und seine Energien harmonisieren. Sie gleichen auch einseitige Energieströme aus, schützen vor anderen unerwünschten Einflüssen und halten, wo nötig, auch neugierige Blicke fern. Sie wirken am Schreibtisch inspirierend, beleben tote Ecken in der Wohnung, reinigen die Luft, einige können auch die Strahlung von Bildschirmen ausgleichen. Je nach ihrem inneren Energiegehalt können sie auch bei der Lösung von Problemen in den unterschiedlichsten Lebensbereichen helfen.

Ein kraftvolles Arrangement von üppigen Grün- und Zimmerpflanzen. Spiegelnde Rosenkugeln und inspirierende Figuren können die energetische Wirkung der Gruppe noch steigern.

Impressum

Die Fotografen

Becker: U1 mi.;
Borstell: U2/Seite 1;
FLORAPRESS: U1 u.re., Seite 2, 3 re., 4/5, 5 re., 7 o., u., 9 u., 11 o.re., mi.li., mi.mi., mi.re., u., 15, 19, 21 u., 23, 28/29, 44/45, 48 o., 52 u.li., 55 li., re.;
mein schöner Garten/Jarosch: Seite 22 li.;
mein schöner Garten/Krieg: Seite 41;
mein schöner Garten/Stork: Seite 22 re., 62/63;
Redeleit: U1 u.li., o.re., 43 u.;
Strauß: U1 (Hintergrund), o.li., Seite 3 li., 9 o., 11 o.li., 21 o., 29 re., 45 re., 47, 48 u.li, u.re., 49 o., u.li., u.re., 50 li., re., 51 o., u., 52 o., u.re., 53 li., re., 54 o., u.li., u.re., U4 mi.o., mi.u.;
Verlag Aenne Burda: Seite 31, 33, 35, 36, 43 o., U4 o., u.

Wichtige Hinweise

Einige der in diesem Buch aufgeführten Pflanzen sind mehr oder weniger giftig. Achten Sie darauf, dass Kinder und Haustiere diese Pflanzen oder Teile davon nicht essen. Alle Dünge- und Pflanzenschutzmittel, auch die biologischen, müssen unbedingt so aufbewahrt werden, dass sie für Kinder und Haustiere unerreichbar sind. Der Verzehr dieser Mittel kann zu gesundheitlichen Schäden führen. Außerdem dürfen sie nicht in die Augen gelangen.

Redaktion: Sabine Schulz, Jolanda Englbrecht
Umschlaggestaltung: independent Medien-Design, München
Layout: Heinz Kraxenberger, München
Herstellung: Ute Hausleiter
Satz: Bernd Walser Buchproduktion, München
Reproduktion: Repro Ludwig, Zell am See
Druck und Bindung: Stürtz, Würzburg

Printed in Germany

ISBN 3-7742-1342-9

Auflage 4. 3. 2. 1.
Jahr 04 03 02 01

Das Original mit Garantie

Ihre Meinung ist uns wichtig. Deshalb möchten wir Ihre Kritik, gerne aber auch Ihr Lob erfahren. Um als führender Ratgeberverlag für Sie noch besser zu werden. Darum: Schreiben Sie uns! Wir freuen uns auf Ihre Post und wünschen Ihnen viel Spaß mit Ihrem GU-Ratgeber.

Unsere Garantie

Sollte ein GU-Ratgeber einmal einen Fehler enthalten, schicken Sie uns das Buch mit einem kleinen Hinweis und der Quittung innerhalb von sechs Monaten nach dem Kauf zurück. Wir tauschen Ihnen den GU-Ratgeber gegen einen anderen zum gleichen oder ähnlichen Thema um.

Ihr Gräfe und Unzer Verlag
Redaktion Garten
Postfach 86 03 66
D-81630 München
Fax: 089/41981-113
e-mail: leserservice@graefe-und-unzer.de

FAMILIE
(Element Holz)

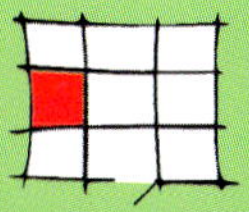

Pflanzen

Standort:	Name:
vollsonnig:	**Klivie** *(Clivia miniata)*
hell:	**Kroton** *(Codiaeum variegatum)*
weniger hell:	**Efeuaralie** *(Fatshedera lizei)*

Hilfsmittel:
- Schlanke, aufstrebende Accessoires
- Naturmotive
- Familienfotos

KINDER
(Element Metall)

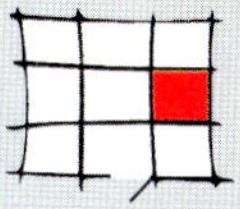

Pflanzen

Standort:	Name:
vollsonnig:	**Tigeraloe** *(Aloe variegata)*
hell:	**Gardenie** *(Gardenia jasminoides)*
weniger hell:	**Birkenfeige** *(Ficus benjamina)*

Hilfsmittel:
- Metallobjekte
- Lebensfrohe Musik
- Phantasievolle Gebilde

RUHM
(Element Feuer)

Pflanzen

Standort:	Name:
vollsonnig:	**Amaryllis** *(Hippeastrum*-Hybride)
hell:	**Ruhmeskrone** *(Gloriosa rothschildiana)*
weniger hell:	**Malayenblume** *(Phalaenopsis*-Hybride)

Hilfsmittel:
- Licht
- Kunstwerke
- Inspirierende Symbole

ZENTRUM
(Element Erde)

Pflanzen

Standort:	Name:
vollsonnig:	**Hibiskus** *(Hibiscus rosa-sinensis)*
hell:	**Fensterblatt** *(Monstera deliciosa)*
weniger hell:	**Lederfarn** *(Arachniodes aristata)*

Hilfsmittel:
- Bergkristall
- DNS-Spirale
- Regenbogenkristall

PARTNERSCHAFT
(Element Erde)

Pflanzen

Standort:	Name:
vollsonnig:	**Bougainvillee** *(Bougainvillea*-Hybride)
hell:	**Kreuzkraut** *(Senecio-Cruentus*-Hybride)
weniger hell:	**Errötender Baumfreund** *(Philodendron erubescens)*

Hilfsmittel:
- Paarsymbole
- Terrakotta
- Regenbogenkristalle

Feng Shui
Kraftquelle Zimmerpflanzen

GU

Entnommen aus : Günther Sator, Feng Shui – Kraftquelle Zimmerpflanzen,
Gräfe und Unzer Verlag, ISBN 3-7742-1342-9

HILFREICHE FREUNDE
(Element Metall)

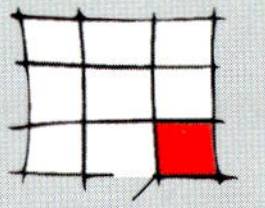

Pflanzen

Standort:	Name:
vollsonnig:	**Zitrone** *(Citrus limon* 'Meyeri')
hell:	**Zimmer-Azalee** *(Rhododendron*-Hybride)
weniger hell:	**Usambara-veilchen** *(Saintpaulia*-Hybride)

Hilfsmittel:
- Klangspiel
- Keramik
- Halbedelsteine

REICHTUM
(Element Holz)

Pflanzen

Standort:	Name:
vollsonnig:	**Spaltblume** *(Schizanthus*- Hybride)
hell:	**Fleißiges Lieschen** *(Impatiens*-Hybride)
weniger hell:	**Rippenfarn** *(Blechnum gibbum)*

Hilfsmittel:
- Bewegte Objekte
- Symbole der Fülle
- Zimmerbrunnen

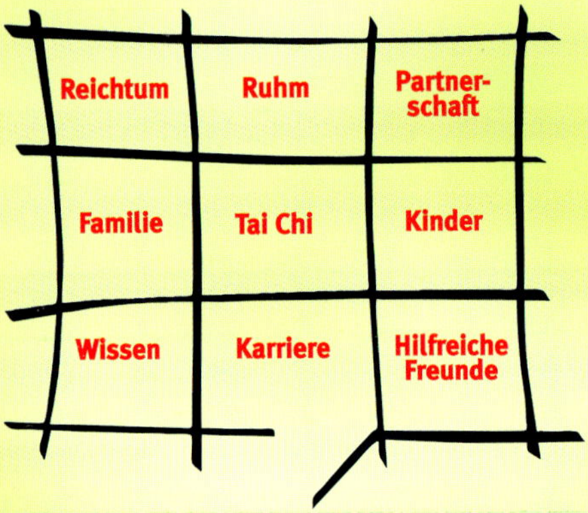

KARRIERE
(Element Wasser)

Pflanzen

Standort:	Name:
vollsonnig:	**Pelargonie** *(Pelargonium-Zonale*-Hybride)
hell:	**Zimmerlinde** *(Sparmannia africana)*
weniger hell:	**Bubikopf** *(Soleirolia soleirolii)*

Hilfsmittel:
- Schale mit Wasser
- Spiegel
- Wasserbild

WISSEN
(Element Erde)

Pflanzen

Standort:	Name:
vollsonnig:	**Topfrose** *(Rosa chinensis)*
hell:	**Drachenbaum** *(Dracaena fragrans)*
weniger hell:	**Alokasie** *(Alocasia lowii)*

Hilfsmittel:
- Vase
- Kristalle
- Bergmotiv

Die Einkaufskarten

Sie helfen, die richtige Pflanze – abhängig von der Tageslichtmenge – für den zu aktivierenden Standort zu kaufen. Zusätzlich können Sie noch eines der empfohlenen Accessoires einsetzen, um die jeweilige Bagua-Zone zu fördern.

GU